제국의 유제

상상의 '동아시아'와
경계와 길항의 '동아시아'

한림일본학연구총서2 포스트제국의 문화권력 시리즈 05
제국의 유제 상상의 '동아시아'와 경계와 길항의 '동아시아'

초판인쇄 2022년 4월 15일 **초판발행** 2022년 4월 30일

엮은이 한림대학교 일본학연구소

펴낸이 박성모 **펴낸곳** 소명출판 **출판등록** 제13-522호

주소 서울시 서초구 사임당로14길 15 서광빌딩 2층

전화 02-585-7840 **팩스** 02-585-7848

전자우편 somyungbooks@daum.net **홈페이지** www.somyong.co.kr

값 20,000원

ISBN 979-11-5905-717-5 93910

이 저서는 2017년도 정부(교육부)의 재원으로 한국연구재단의 지원을 받아 한림대학교 일본학연구소가 수행하는 인문한국플러스지원사업의 일환으로 이루어진 연구임(2017S1A6A3A01079517).

05
한림일본학연구총서 II
포스트제국의
문화권력시리즈

제국의 유제

상상의 '동아시아'와 경계와 길항의 '동아시아'

한림대학교 일본학연구소 엮음

REMNANTS OF EMPIRE
IMAGINED EAST ASIA
AND THE ACTUAL SPACE
OF CONTESTED BOUNDARIES
AND STRUGGLE

서문

한림대학교 일본학연구소는 2017년부터 '포스트제국의 문화권력과 동아시아'라는 아젠다로 한국연구재단 인문한국플러스HK+ 사업을 수행하고 있다. 이 연구는 2008년부터 9년 동안 수행한 한국연구재단 중점연구소지원사업 아젠다 '제국일본의 문화권력 : 학지學知와 문화매체'의 후속 연구사업이며, 여기에 관통하는 '문화권력'이라는 문제의식과 용어를 처음으로 학계에 제창하여 단일 연구소가 총 16년 동안 수행하는 데 의미가 있다.

'제국일본의 문화권력 : 학지學知와 문화매체' 연구는 메이지유신을 계기로 근대 국민국가로서의 체제를 갖추어간 제국일본이 기존의 동아시아의 질서를 파괴하고 서구열강을 중심으로 전개되던 국제무대에 합류한 뒤, 청일전쟁과 러일전쟁 그리고 만주사변, 중일전쟁, 태평양전쟁으로 이어지는 팽창주의가 나중에는 파쇼군국주의로 치닫는 광기를 보인 결과, 원자폭탄 투하로 패망에 이르는 역사를 배경으로 한다. 여기에는 되돌릴 수 없는 아픔과 깊은 상흔을 떠안아야만 했던 아시아인이 있다. 이들 민중을 통제하고 교화하고 배척하고 핍박한 제국의 강권強權을 문화권력이라는 문제의식과 시점으로 분석하고 탐구한 것이 '제국일본의 문화권력 : 학지學知와 문화매체'이었다.

한편 '포스트제국의 문화권력과 동아시아' 연구는 제국일본이 붕괴하고 해체된 공간에 일본을 비롯해서 새로 건설된 국민국가에 제국의 유제가 어떻게 수용되고 거부되고 또는 변용해서 잠재하고 있는가를 밝혀

내는 작업을 이어간다. 이는 각 국민국가의 현대사의 출발점을 되짚어보는 작업이기도 하면서 동시에 동아시아를 조망하는 하나의 시점을 찾는 작업이 된다고 본 것이다. 여기에는 비록 제국은 해체되었으나, 제국주의적 욕망은 표면적으로 은폐되어 있을 뿐, 결코 완전히 사라진 것은 아니며, 호기가 온다면 언제든지 다시 전면에 등장할 수 있다는 인식이 있다. 실제로 이 아젠다를 준비할 즈음, 미국은 'America First'를 외쳤으며, 중국은 '분발유위奮發有爲'를 외치고 있었다. 일본은 '전쟁을 할 수 있는 나라'를 외치며 헌법 제9조 개헌을 목표로 하고 있었고 지금도 이 노선에는 변함이 없다. 전쟁의 포기, 교전권의 포기는 천황의 군대가 저지른 수많은 아픔과 반성의 결과였는데, 이를 무효화해서 다시 전쟁을 할 수 있는 국가로 거듭나겠다는 말은 어두운 역사에 대한 반성은 끝났으며, 이제는 그러한 반성과 성찰은 필요 없다는 선언이다. 우리가 말하는 그들의 '역사수정주의'는 더 이상 그들에게는 '수정주의'가 아니라 바로 그들의 '역사관'이라는 이야기를 하고 있는 것이다.

이처럼 패권주의, 배타주의, '제국주의적인 욕망'이 꿈틀거리기 시작했는데, 그 후에 홍콩과 미얀마에서 민주주의가 크게 후퇴하는 안타까운 모습을 우리는 지켜봐야 했고, 이제는 러시아가 우크라이나를 침공해서 많은 민간인 희생자가 발생하는 뉴스를 우리는 매일 접하기에 이르렀다. 미얀마 임시정부가 각국 정부에 지원을 호소하는 모습은 대한제국 특사가 헤이그에서 당한 아픔을 떠올리게 하며, 홍콩 학생들의 민주화 요구와 저항은 3·1 독립운동과 80년대 우리의 민주화 투쟁을 연상케 하고, 우크라이나 민간인 희생과 피난길은 한국전쟁의 우리 참상을 떠올리게 한다. 이러한 암울한 현실 속에서 우리 인문학은, 한국의 일본학은 무엇을 할 수 있으며, 무엇을 고민해야 하는가를 미력하나마 실천하자는 것이 이 아젠다이다. 바로 이 아젠다가 '동아시아의 화해와 협조, 공존'을 최종목표로 설정한 이유이다.

본 사업단은 이 아젠다를 크게 두 단계로 나누어 연구를 추진하고 있다. 1단계 3년은 '제국의 유제와 기억'이라는 주제로 제국의 기억과 욕망이 망각과 은폐를 수반하면서 표출되어 재현되는 양면성 규명 작업을 통해서 비판적 인식을 확인하는 작업이다. 2단계는 2-1단계와 2-2단계로 나뉘는데, 2-1단계 3년은 '제국과 국민국가의 이분법을 넘어서'라는 주제로 국민국가 경계를 넘어서 생산하는 대항적 공간의 시공간의 개편, 동아시아의 정체성과 문화권력의 투쟁, 문화권력의 변이와 환류 등을 다루는 대안적 성찰을 수행한다. 2-2단계는 '탈제국의 가능성'이라는 주제로 동아시아의 화해와 협력을 모색하기 위해서 비판과 성찰을 토대로 한 통합적 전망을 내놓는 것을 목표로 하고 있다. 부연하자면, 포스트제국 시기 동아시아 근대 국민국가 체제가 형성한 시간성과 공간성, 그리고 사람들에게 내면화된 가치관과 인식 등을 상대화할 필요가 있다는 문제를 품고 있으며, 이 책은 2단계 연구성과 가운데 하나로서 포스트제국 시기에 국민국가가 재편되는 과정에서 생성되는 문화권력의 동태를 제시하는 것을 목표로 한다. 흔히 제국주의 시대의 종료로 간주하는(이에 전적으로 동의하지 않는 것이 본 사업단 연구의 출발점이지만) 제2차 세계대전이 끝난 후, 국민국가 체제를 기반으로 세계질서가 재구성되었다. 그러나 이 과정에서 인종, 이성애 주의, 전근대성 등을 '본질적인 것'으로 규정하고 싶은 욕망이 꿈틀거리고 있었다. 제국 시기 일어난 점령, 지배, 학살과 같은 폭력을 정당화하고, 서구를 최고의 단계로 상정하는 단선적 진화론에 입각한 제국주의적 질서를 확립하고자 했던 욕망은 포스트제국 시기에는 국민국가 체제 속에서 '시민', '국민'이라는 주체성을 기반으로 하는 '자유'와 '평등' 이데올로기로 변용되어 재생산되었다. 이렇게 볼 때 제국 해체 후 부상한 국민국가를 제국주의와 완전히 분리된 정치기구로 보기에는 한계가 있다.

이 책은 포스트 제국이라는 틀을 통해서 특히 동아시아에서 재편되는 국민국가를 다각적으로 접근하여, 제국과 단절시키거나 제국주의를 계승하려 하는 권력의 동태를 조명하고자 한다. 아울러 제국과 국민국가의 권력과 충돌하는 개인과 집단의 힘과 길항의 경험에도 주목한다. 다만 이들의 경험은 국민국가에 전면적으로 맞서기도 하지만 제국주의적 인식이나 가치관을 모방하거나 전유하면서 의도하지 않는 결과를 수반하기도 한다. 따라서 '앎 · 지식', '매체 · 문화', '일상 · 생활'의 영역에서 권력이 생성, 작동되는 역동성을 규명하는 작업을 통해 국민국가를 상대화시킴으로써 진정한 탈제국의 가능성과 동아시아 생활자들이 스스로 구축하는 공동체를 모색할 수 있을 것이다. 이 책 간행의 의의는 바로 여기에 있다.

이 책의 집필자 가운데 사카이 나오키酒井直樹, 우쓰미 아이코内海愛子, 무라카미 요코村上陽子, 마크 윈체스터Mark Winchester는 본 사업단이 2021년

2월 26일 개최한 국제학술회의 '제국의 지배와 인식, 갈등과 해체 : 국민국가의 형성과 동아시아'에서 발표한 내용을 바탕으로 본 총서에 옥고를 기고해 주셨다. 여기에 본 사업단에서 네 명의 연구진이 참여하여 총 여덟 편의 글을 수록하였다. 각 장의 구성과 간략한 내용은 다음과 같다.

제1부는 제국 해체 후 국민국가 체제가 형성되는 과정을 '진보적'인 사회변화로 보는 것이 아니라, 그 속에 어떠한 제국주의적 인식과 권력이 변용되고 지속되었는지를 비판적으로 고찰하는 논고로 구성된다. 첫 번째 글 「근대 국제세계의 성립과 탈식민지화」에서 사카이 나오키는 '동아시아'를 실제 존재하는 절대적인 지리적 지역으로 보는 것이 아니라, 역사적으로 형성된 상상의 공간으로 보고 이 지표에 스며든 인식론에 대한 논의부터 출발한다. 17세기부터 유럽의 근대 국민국가를 중심으로 형성된 '국제세계'에는 '발전사관'에 기반을 둔 인식론과 이분법적 인종제도가 깔려 있다. 영토와 주권을 확보하지 못한 식민지 피지배자들은 '평등' 이념에 입각하여 '권리'와 '의무'가 부과되는 '개인'이 존재하지 않으며, 국민국가 건설에 실패한 존재로 간주된다. 이와 같은 '국제세계'는 20세기 위기를 거쳐 제2차 세계대전 후 탈식민지화 운동으로 완전히 해체된 것처럼 보였으나, 미국의 패권 아래 '서양'과 '잔여'의 양극 구조는 유지되었으며 기존 국제세계는 결코 사라지지 않았다. 특히 동아시아의 경우 '식민지로부터의 해방=국가 독립'은 식민지 지배로부터의 탈출이 아닌 새로운 식민지 체제 형성을 의미한다는 점에서 독립을 이루는 국민주의를 극복해야 한다고 주장한다.

제1부 두 번째 글인 「심판받은 자의 '기억'과 '기록'—전쟁 재판을 통해서 생각하는 제국주의 연장과 계승」은 장기간에 걸쳐 한국인 BC급 전범 운동에 참여하면서 연구를 진행한 우쓰미 아이코는 일본인, 조선인 전범자의 운명과 기억을 고찰하였다. 전쟁 시기 일본군은 적군 '백인 포로'를 관리하는 감시원을 필요로 하여 당시 피식민자였던 조선, 대만인을 '모집'하였다. 수많은 '백인 포로'들은 가혹한 노역에서 혹사당하며 사망하였는데, 제2차 세계대전 후 연합군은 이 책임을 추궁하는 재판을 열었다. 포로 감시원으로 일한 일본군 군속인 조선인도 심판의 대상이 되어 도쿄에 소재하는 '스가모 교도소Sugamo Prison'에 수감되었다. 수감생활은 결코 좋은 여건이었다고 할 수 없었으나, '스가모 교도소'에서는 '자주적'인 활동이 허용되었다. 조선인 전범들도 동인지를 발간하여 전시체제 아래에서 전개된 독립운동과 일본 패전 직후 '범죄자'로서 폭력과 학대의 대상이 되어 형의 집행을 받게 된 억울함을 호소하기도 하였다. 그러나 일본이 주권을 '회복'한 1952년 이후에는 조선인 BC급 전범들은 일본 국적을 상실한 것으로 간주되어 각종 원호 조치에서 배제되면서도 야스쿠니신사에 합사되는 등, 국가 권력에 휘둘려야만 했다. 우쓰미 교수는 전쟁 재판의 기록 그리고 일본인과 조선인이 형무소에서 남겼던 기록을 마주하는 작업을 평화의 실천으로 보고 젊은 세대를 향한 메시지를 던지고 있다.

세 번째 글 「제국의 폭력 앞에 드러난 차이의 정치학」에서 김경옥은 가네코 후미코의 삶을 통해 근대 가부장적 국민국가의 폭력 메커니즘을 고찰하였다. 일본은 근대 국민국가 수립 과정에서 학제 개정과 의무교육, 이에家 제도를 통해 균질화된 국민 양성을 시도했다. 그러나 지역이나 신분에 따른 다양성의 배제는 균질화되지 못한 국민을 향한 폭력으로 정당화되고, 그것은 차별과 배제라는 형태로 드러났다. 가네코 후미코는 여성의 사회진출과 자립이 억제된 1920년대 가부장적 권위 하에서의 종속을 거부하고, 도리어 그것을 타파하기 위해 도쿄에 상경해서 자기실현을 도모하고자 했다. 가네코 후미코라는 일본인 여성이 경험한 제국의 '경계'와 그곳에서 행해진 배제와 차별이라는 국가의 폭력, 그리고 이에 대해 반천황제를 외친 실천적 저항이라는 관점에서 살핀 글이다.

제2부는 제국 일본이 해체되고 내부 통합을 위해 외부를 '(재)발견'해야 했던 상황에서 다양한 '앎 · 지식'이 동원되고 사람들의 이동과 교육이라는 일상의 삶을 규제했던 권력의 동태를 살펴본다. 김현아는 제2부 첫 번째 글 「해방 직후 GHQ와 일본의 재일조선인 정책-처우와 실태」에서 해방 직후 GHQ가 실시한 일본에 있었던 조선인의 귀환정책과 조선인학교 폐쇄령에 대하여 분석하였다. 일본이 패전한 직후 점령통치에 들어간 GHQ는 조선인의 귀환계획을 수립하고 일본 정부에 명령하는 방식으로 귀환 정책을 추진하는 한편 귀환의 희망 여부와 관계없이 군사재판을 받게 되면 GHQ의 필요에 따라 남한으로 강제로 송환시켰다. 그리고 1947년에 들어 GHQ와 일본 정부는 조선인학교의 교육에 대한 감시를 강화하더니 마침내는 조선어 교육을 금지하는 등, 조선인학교 폐쇄령을 단행했다. 이처럼 일본 제국 해체 후 재일조선인의 이동과 교육 정책을 통한 지배와 질서의 연속성에 대하여 논의하였다.

제2부 두 번째 글 「일본의 '국민', '공민', '시민' 개념 수용 과정－국가의 사회세력 간 주도권 다툼의 장으로서 '개념'」에서 권연이는 일본에서 시민 개념이 정당성을 획득하는 데 왜 지체되었는가에 대해서 개괄적으로 살펴보았다. 일상생활에서 접하게 되는 국민, 공민, 시민 등의 용어는 일본에서 국가에 대해 상대적인 개체를 일컫는 용어이다. 일찍이 근대화 시기에 도입되어 사용되었던 용어의 정착은 이들을 동원하고자 하는 권력 주체의 정치적 의도에 따라 부침을 겪어왔다. '시민'이라는 단어도 서구 근대 사상에서 유입된 개념으로서 일찍이 메이지 시기에 쓰기 시작했지만 '자립한 개인'의 의미로서 정착하게 된 것은 1990년대에 이르러서이다. 전전의 국가주의적 동원 체제, 전후 일본 사회과학계의 마르크스주의의 영향력, 그리고 보수 정치가의 터부 등의 역사적 경위를 통해 개념의 정착이 지연되었음을 알 수 있다.

내외부를 규정하고 통합하려 하는 근대 국민국가 체제는 인식 차원으로부터 문화, 정책, 법의 차원까지 강력한 힘을 발휘한다. 그러나 사람들은 결코 수동적이고 구조화된 힘에 굴복해서 획일적인 삶을 살지만은 않는다. 제3부는 과거 제국 일본의 식민지와 점령의 대상이었다가 현재까지도 변용되어 존재하는 제국의 욕망과 억압에 노출되는 오키나와, 아이누, 재일코리안 등 특수한 저항, 길항의 경험에 주목하였다.

제3부 첫 번째 글 「'숨는' 신체－오키나와문학에 있어서 저항과 갈등」에서 무라카이 요코는 오키나와문학작품 세 편을 사례로 문학 속의 '숨는籠もる' 행위와 그 신체성의 의미에 대해 고찰하였다. 흔히 저항이란 거시적인 권력이나 힘에 맞서고 대립하는 행위로 여겨지지만, 저항의 방

식은 결코 획일적이지 않다. 특히 강대한 힘을 가진 일본 국가나 미군에 맞서야 할 오키나와 주민들의 경우 저항의 욕망을 실현하는 것은 어렵다. 전쟁과 점령이라는 외적인 힘과 오키나와 지역의 젠더 규범과 가치관 등 내적인 문화로 형성되는 중층적인 권력이 주민들의 삶을 억압하는 공간에서 '숨는' 신체적인 행위는 삶과 죽음의 욕망을 재현하면서도 새로운 공동체를 살아가고자 하는 훈련으로 이해할 수 있는 점을 제시하였다.

제3부 두 번째 글 「마시호真志保의 말과 마주하다」에서 마크 윈체스터는 아이누 언어학자 지리 마시호知里真志保의 글을 읽고 해석하는 방식 속에 스며든 편견과 고정관념을 근대성의 문제와 연결시켜 비판적으로 분석하였다. 일본 역사학자나 작가가 마시호의 글(말)을 해석할 때 역사적 존재로서의 아이누라기보다 그들이 '보고 싶은 아이누'의 모습을 투영하는 점을 지적하였다. 이와 같은 인식의 근원에는 제국과 근대 국민국가에도 '전근대적'이고 '비근대적인' 면이 있으며, '근대' 역시 존재하는 것처럼 상상하는 권력이 존재한다. 마시호는 이와 같은 인식론적 틀과 관계를 경계하는 자세를 통해 일본 주류사회가 기대하는 '특수'하고 대항적인 아이누의 모습과 어긋나는 발언을 통해서 일종의 저항을 하기도 한다. 필자는 정치한 방식으로 마시호의 말과 마주하기 위해서는 근대적 국민국가에 입각한 구조화된 인식을 극복하고 아이누의 말과 그 말에 숨은 의도에 귀를 기울일 것을 제안한다.

김웅기는 제3부 세 번째 글에서 「'이름'과 씨름하는 재일코리안의 일상에서」를 통해 재일코리안이 사회의 문턱에서 가장 먼저 선택을 요구받는 '이름'을 둘러싼 일상의 변화를 살폈다. 본명 또는 통명通名 즉 위명僞名 어느 쪽이든 '이름'은 재일코리안을 골치 아프게 하는 존재이며 '이름'에 얽힌 고뇌는 수많은 일화를 낳고 있다. 고객의 폭언에 맞서 직장의 권유로 소송을 제기하여 승소한 회사원과 업주에게 본명을 빼앗긴 일을 놓고 소송을 제기하다 패소한 일용직 노동자는 민족교육이나 동포 청년동아리를 통해 '이름'을 되찾았다. 이들에게 '이름'이란 인격권과 일체화된 존재다. 그러나 오늘날 일본 이름이 본명인 한국계 일본인 아이들이 늘어나고 있다. 1970년대 그대로 이들에게 민족명을 가르치며 사용케 하는 민족교육이 되레 인격권 훼손으로 해석되는 사태가 발생하고 있다. 이와 같은 '관행'에 대한 문제의식이 희박하여 1970년대 그대로의 교육방식에 보수 정치권에서 시비가 붙어 공립학교에서 민족교육의 보루 역할을 담당하는 민족학급은 오늘날 소멸 위기를 맞게 되었다. 필자는 시대 변화에 대한 대응과 인식 변화가 민족교육 현장에서 요구되는 상황에 대하여 논의하였다.

이상의 총 여덟 편의 글은 각 영역에서 분출되어 충돌하는 제국의 기억과 욕망 그리고 이에 대응하는 사람의 경험과의 상호관계를 탐구하고 있다. '동아시아'는 유동적이며 투쟁의 장으로 존재하는 현실을 재고하는 작업은 탈국가, 탈제국을 극복하여 연대와 협력의 전망을 여는 발판이 될 것이다. 사카이 나오키가 동아시아를 "역사적으로 형성된 상상의 공간"으로 정의하는 것처럼, 국민국가라는 경계를 넘어서 저항과 길항의 시공간이 재편되는 모습을 각 논문에서 엿볼 수 있다. 어느 지역보다도 내셔널리즘이 팽배한 동아시아에서 화해와 협력 그리고 공존을 모색하고 고민을 하는 데 이 책이 조금이나마 화제와 논의 거리를 제공하게 된다면 이 책은 나름의 역할을 한 것으로 본다.

2022년 4월

한림대학교 일본학연구소 HK+ 사업단장 서정완

차례

제3부 동아시아_경계와 길항의 공간

제1부

제국의 유제, 국민국가 재편과 탈식민

근대 국제세계의 성립과 탈식민지화

사카이 나오키

심판받은 자의 '기억'과 '기록'

전쟁 재판을 통해서 생각하는 제국주의 연장과 계승

우쓰미 아이코

제국의 폭력 앞에 드러난 차이의 정치학

김경옥

근대 국제세계의 성립과 탈식민지화

사카이 나오키

지역의 명칭으로서 타당한지, 혹은 지리적인 영역으로서 얼마나 유효한지를 검토 및 분석하기 앞서 우선 '아시아'라고 하는 지표index를 수용하는 것에서부터 논의를 시작하고자 한다. 국제 학술 대회에 모인 사람들은 어떠한 형태로든 일정한 지역 혹은 문명권에 흥미와 호기심을 가지는 사람들이며, 공통의 관심은 '아시아'의 일부인 '동아시아'로서 총괄된 것임을 인식해 두어야 한다.

1. '아시아'라고 하는 지리적 지표와 중화 중심 세계질서의 붕괴

유라시아 대륙의 동쪽 끝이나 서태평양 서쪽 해안에서는 18세기에 이르기까지 '동아시아'뿐만 아니라 '아시아'라는 지표가 이 지역 주민들에 의해 받아들여지지는 않았다. 그들이 자신이 '아시아인' 혹은 '동아시아인'이라는 것을 의식하는 일도 전혀 없었다. 근대 국제 세계의 성립에 대해 많은 의의를 지적할 수 있겠지만, 그 첫걸음의 인식으로서 동아시아의 주민들 사이에 '아시아인'이라는 자기획정自己画定, identification의 습관이 세워지는 것을 염두에 두어야 한다.

현재에 이르는 지난 2세기 역사에서 우리는 급격한 변화를 경험해 왔다. 여러 면에서 지난 2세기의 변화는 이전의 역사적 변화와 다르다고 여겨져 왔다. 이를 위해 우리는 '근대'라는 단어를 준비하고 급속한 역사적 변화와 그러한 역사적 변화를 초래하는 사회적 조건의 총체를 '근대화'라고 불렀다고 할 수 있다. 물론 관용어로서의 '근대'는 근대에 선행하는 시대, 12세기나 16세기에도 사용되고 있던 말로, 명사로서의 '근대'가 근대에 기원을 가진다고 하는 것은 아니다. 따라서 이 점을 고려한 가운데, 주제는 '근대'라는 말의 특수한 용법에 관한 것이고, '제국의 지배 및 인식체와 갈등—국민국가의 형성과 동아시아', 부제로서는 '동아시아의 근대, 나아가 그 근대화의 행방'을 갖는다고 생각해도 무방할 것 같다.

물론 여기에는 역사의 역설이 있다. 역설은 몇몇의 다른 장면에서 나타난다. 이번 국제 학술대회에서는 '동아시아'에 있어서의 근대화가 주제이지만, 유라시아 대륙의 동단의 지역에서 일어난 근대화이기 전에, 원래, 명 · 청 중화 제국明 · 清中華帝国, 조선왕조朝鮮王朝, 도쿠가와 막부徳川幕府 등 다양한 왕권이 병존했음에도 불구하고, 현재는 북태평양 서안의 한 구획인 극동으로 총칭되는 지역이 되었다는 사실을 먼저 확인하고 가자. 즉, 그 이전에는 없었던, 자신들에게 거주 지역을 아시아의 일부로서 인식하는 습관 자체가 근대 이전에는 존재하지 않았던 점을 인식해 둘 필요가 있다. 아시아라는 인식, 더욱이 아시아인이라는 자기획정 자체가 근대화 과정에서 일어나고 있기 때문이다. '동아시아' 혹은 '극동'이라는 인식은 오로지 근대의 것임을 먼저 알아 두어야 한다.

'아시아인' 혹은 '동아시아인'이라는 자기획정을 학습하는 것의 의의를 생각해 보자. 19세기 초반에 이르기까지 태평양 서안의 주민, 즉 북쪽은 몽골, 중화제국, 남쪽은 베트남, 동쪽은 한반도, 일본 열도에 이르는 지역의 주민은 대체로 중국을 세계의 중심으로 간주하고, 명제국과 청제국을 세계의 중심으로 보았다. '동이', '남만', '서양'이라는 야만인을 나타내는 명칭은 각각 중화제국을 중심으로 한 '동방의 야만인', '남방에서 온 야만인', '세계의 서쪽 가장자리에 위치한 해양'으로 간주한 것이며, 중화중심 세계의 지리적 질서를 받아들이고 있는 데에서 온 것이다. 당시 '서양'을 세계의 중심으로 보는 사람들은 전무했다. '서양'이란 세계 서쪽 끝에 있는 야만적인 해양 지역 이상의 의미를 갖지 않았다.

그런데 19세기 초부터 중화중심 세계의 주민들 사이에서 급속히 지리적인 자기획정의 실천계가 바뀌기 시작했다. 이윽고 19세기부터 20세기의 초반에 걸쳐 개인의 수준에서 사람들은 스스로를 '아시아인' 으로서 자기획정을 하기 시작한다. 그에 따라 '서양'이라고 하는 옛부터 존재한 말 · 지표의 지지 기능이 180도의 바뀌게 된다.

'아시아'라는 지표가 유럽의 것으로 널리 알려져 있다. 근대가 되면 '아시아'는 '동양오리엔트'으로 번역되는 경우가 늘어난다. '아프리카'도 마찬가지로 예로부터 유럽에서 사용되어 온 말이다. 모두 '유럽'과 대조되는 '아시아'이며 '아프리카'로, 나중에 '아시아'는 '서양옥시던트, Occident'과 대조되는 '동양오리엔트'에 대응되는 사례가 증가한다. 물론, 이러한 일련의 변화는 15세기 말의 '미국의 정복The Conquest of Americas'에서 시작되는 일련의 사건의 결과로 보는 것이 일반적이다.

그러나 '아시아'가 유럽 이외의, 그 토지의 주민에 의해서도 사용되게 된 것은 비교적 최근의 역사에 속하고 있다고 말해도 좋을 것이다. 예를 들어 '소아시아Asia Minor'의 용법에 알려져 있는 바와 같이, 아시아는 그리스에 위치한 사람들이 동방 지역을 바라볼 때 사용하는 지표이며, 유럽에 위치한 사람들이 자신들의 동방에 있는 지역을 가리키기 위해 사용했다고 한다. 아시아는 원래 특정의 한정된 지역이기 전에 유럽에 위치한 사람들에게 동방으로 이어지는 막연한 방향을 가리키는 말이라고 한다. 그러므로 '아시아인'과 유럽인에 의해 불린 사람들이 스스로 '아시아인'으로 자기획정하는 경우는 거의 없었다. 아시아 사람들이 스스로를 '아시아인'이라고 부르고 '아시아인'으로 자기 획정하게 되기 위해서는 광범위한 구조적인 변화가 필요했기 때문이다.

2. 국제성internationality과 근대 국제세계의 등장

새로운 세계의 구조의 출현을 근대 국제세계의 성립이라고 정의하겠다. 이 새로운 세계의 구조가 표출되는 몇 가지 기본사항은 다음과 같다. 국제성internationality에 의해 규정된 새로운 세계의 성립은 몇 가지 구조적 제약으로 규정되어 있다.

① 전세계가 국제세계International World와 비非국제세계로 분할되어 있다. 국제세계는 당초 유럽이라고 불리지만, 곧 19세기 후반부터 20세기 초에 걸쳐서 '서양The West'이라고 불리게 된다. 유럽은 비유럽을 분리하고 '서양'과 '잔여The Rest'로 세계를 나눈다.

② 국제세계는 새로운 주권형태를 가진 국가군으로 구성된다. 새롭게 정통성을 획득하는 주권 형태는 영토적 국가주권territorial state sovereignty이라 불리며, 국제세계에서 개별의 영토적 국가주권은 다른 영토적 국가주권과의 사이에서 서로를 제약하면서 승인할 협약을 체결한다. 이 상호 제약·보호의 합의 체계는 일반적으로 국제법Jus Publicum Europaeum 별칭, 유럽공법(公法)이라고 불린다.

③ 국제법하에서 상호 제약을 받는 동시에 상호 권리를 보호하는 이 상호승인·제약의 체계로 개별 주권국가는 그 군사적 잠재력, 경제적 부, 지배 주민의 인구의 많고 적음, 지배 영역의 넓고 좁음에 관계없이 일률적으로 평등한 것으로 취급된다. 즉 국제세계는 형식적 평등에 의해 지지된 주권국가의 집단을 창출한다. 서태평양 해안의 현재 동아시아에 존재하는 국가군 사이에는 이와 같은 평등한 관계가 존재하지 않았다. 즉, 전근대의 동아시아에는 국제관계가 존재하지 않았기 때문이다.

④ 여기에서 단적으로 다음의 사태가 귀결된다. 동아시아는 국제세계 안쪽에 배치되지 않았다. 동아시아는 국제 세계의 바깥쪽스튜어트 홀이 '잔여(the Rest)'라고 부름[1]에 자리잡고 있었다. 그러므로 동아시아 국가나 주민도

---

1 Stuart Hall, "The West and the Rest : Discourse and Power", in Stuart Hall, David Held, Don Hubert, and Kenneth Thompson eds., *Modernity Introduction to Modern Societies*,

국제법에 의해 제약되거나 보호되지 않았다. 왜냐하면, 국제법이란 유럽의 국가와 그 종속 국민을 보호·제약하는 협약이었기 때문에, 국제법은 국제세계 밖에 사는 주민을 비호하는 역할을 갖지 않았다.

⑤ 세계를 국제세계와 '그 잔여'로 이분할 때 귀결하는 체제를 우리는 '식민지주의'라고 부른다. 여기서 『대지의 노모스』[2]에서 전개한 칼 슈미트의 훌륭한 분석을 기초로 하여 논의를 진행하고자 한다. 즉 근대의 식민지주의는 고대나 전근대의 식민지주의와는 달리 근대 국제 세계의 구조와 밀접하게 연결된 새로운 세계 내 존재의 존재 방식슈미트가 '노모스'라고 부름을 가리킨다. 근대 국제세계의 성립은 근대식민지주의의 성립에 수반되는 것을 알 수 있다.

London : Blackwell Publishers, 1996, pp.184~227.

2 カール·シュミット, 新田邦夫 訳, 『大地のノモス―ヨーロッパ公法という国際法における』, 東京 : 福村出版, 1976(*Der Nomos der Erde im Völkerrecht des Jus Publicum Europaeum*, Dunker & Humblot, Berlin, 1950). 칼 슈미트는 국민사회주의 사상가로도 잘 알려져 있고, 『대지의 노모스』는 나치의 세계관이 가장 세련된 형태로 표명되어 있다. 국민사회주의는 근대 국제세계를 긍정하고 유럽중심성이 후퇴하는 것을 어떻게든 미연에 방지하려는 정치·사상운동이라고 해도 좋을 것이다. 이 점에서 나치즘은 결코 예외적인 운동이 아니라 근대 국제세계를 정면으로 긍정하려는 사상적 행위이며, 칼 슈미트는 단지 나치당원이었을 뿐 아니라 나치의 가장 뛰어난 사상가였다고 할 수 있다.

3. '아시아인'이라는 자기 획정과 인식론적 위치 _ 문명론적 전이

근대 국제세계가 세계를 양분하는 것에서부터 시작한다고 했지만 세계를 둘로 나누는 것 또는 경계화bordering[3] 한다는 것은 반드시 공간적으로 세계가 구분되는 것에만 국한되는 것은 아니다. 여기에는 산드로 메자드라와 브렛 닐슨[4] 이 논했듯이 경계border에는 공간적 구분 외에 사회적 입장을 분리하고 구조화하는 것, 하나의 사회적 위치와 다른 사회적 위치를 연결 짓는 것 등 다양한 권력 편제 과정이 포함되어 있다.

아시아인이라는 자기획정을 자세히 검토해 보겠다. 이미 살펴본 바와 같이 아시아는 유럽과의 관계에서 상대적으로 결정되는 위치이자 지표라고 할 수 있다. 아시아는 유럽에서 가리키는 지표indexing의 지시대상referent이다. 아시아를 동정同定하기 위해서는 유럽이라는 시각에서 아시아를 지향한다는 방향성에 따라 규정된 인식이 필요하다.

어느 개인이 스스로를 '아시아인'으로 자기획정하기 위해서는 일단 자신의 시각을 유럽에 가탁하고, 가탁된 관점에서 재차 아시아인으로서의 자신을 지향한다고 하는 매개된 지향의 절차가 필요하게 된다. 즉, 유럽의 시각을 일단 경유하지 않으면 스스로를 아시아에 자기획정을 할 수

---

3 Bordering은 원래 Sandro Mezadra와 Brett Neilson이 사용한 것인데 border를 동사로 사용하는 것은 몇 가지 단점이 있다. border에는 '경계를 긋다'라는 의미와 더불어 '~에 인접하다' 혹은 와 '~에 이웃하다'라는 의미도 있기 때문이다. 이를 인식하고 border를 명사로서가 아니라, 오로지 '경계를 긋다' 혹은 '경계를 그리다(필기)'라는 의미의 동사로 사용한다는 점을 강조하고 싶다.

4 Sandro Mezzadra and Brett Neilson, *Border as Method and the multiplication of labor*, Durham : Duke University Press, 2013.

없게 된다. 달리 말하면 아시아인으로 자기확정을 한다는 것은 유럽인의 관점에서 스스로를 다시 보는, 스스로를 유럽인의 입장에서 다시 파악하고자 지향하는 것이 포함된다. 즉 적어도 다음의 내용을 설명할 수 있다. 유럽인의 시각을 경유하지 않고 서는 스스로를 '아시아인'으로 인식하는 것은 있을 수 없다. 스스로를 아시아인으로 자기확정 하기 위해서는 유럽인의 관점에 매개될 수밖에 없다.

스스로를 '아시아인'으로 자기확정을 한다는 것은 새로운 권력 편제에 종속되는 것이며, 이 점을 무시할 수는 없을 것이다. 2세기 전에는 스스로를 아시아인이라고 인식하는 사람들이 현재의 동아시아에는 거의 없었다. 그러나 19세기 말부터 20세기에 걸쳐 스스로를 '아시아인'으로 보는 사람들이 부쩍 늘었다. 그 이유를 찾는 것은 별로 어렵지 않다. 그것은 아시아가 전면적으로 유럽, 미국이나 일본 등 열강에 의해 식민지화되었고, 사람들은 식민지화의 폭력에 폭로되어 패배했기 때문이다. 그러나 일단 개인의 자기확정에까지 발을 들여놓아 '아시아인'으로서의 자기인식을 생각하면 근대 국제세계의 성립과 근대식민지주의, 자기확정의 인식론적 구조라는 세 가지 다른 근대세계의 질서 사이의 연계가 떠오른다.

이 글에서 충분히 전개할 수 없지만 다음의 사항을 간단히 지적해 두고자 한다. 하나는 지향指向하다indexing, 지시하다, 지향志向하다intending, 욕망하다desiring, 투자하다investing와 같은 일련의 지향성과 관련된 용어들이 개척하는 고찰의 여러 지평이다. 지향指向한다고 하는 의미론적인 지평과 지향志向한다고 하는 현상학적인 지평, 욕망한다고 하는 정신분석적인 지평을 혼동하는 것은 허용되지 않는다. 그럼에도 불구하고 이들 용어의 미묘한 친근성은 후에 논하는 문명론적 전이civilizational transference의 도입의 선구가 되고 있는 것 같다.

또 하나는 앞에서도 잠깐 언급된 인식론적 위치epistemological positionality이다. '아시아인'이라는 자기획정은 보편적인 참고사항으로의 유럽인이라는 시각 없이는 성립될 수 없다. 보편적 참고사항으로의 유럽인을 지정하지 않는 아시아인이라는 자기획정은 불가능하다. 이것이 유럽 중심성Eurocentric이라는 말의 가장 기본적인 의의일 것이다. 따라서 근대 국제세계의 성립은 세계가 유럽중심성에 의해 다시 조직되는 것을 의미하고 있는 것이며, 유럽 중심성이라는 것은 인식론적 구조를 말하는 것이다.

단, 다음의 사항을 기억해 두어야 한다. 이렇게 '유럽인'이라는 매개체가 필요한데, 원래 유럽인이란 누구인지, 유럽인이란 어떤 능력을 가진 인간인지, 유럽인은 아시아인이나 아프리카인, 미국인과 어떻게 다른 것인지에 대해서는 전혀 규정되지 않았다는 것이다. 유럽인이라는 형식적인 범위가 명확히 존재한다고 할지라도 그 내용은 비어 있다.

이것은 나중에 다시 언급하겠지만 인류적 차이anthropological difference의 문제가 되는 시스템을 초래하게 된다. 즉 유럽인과 비유럽인은 그 입장에서positionality는 분명히 구분되어 있음에도 불구하고 그 속에는 법규가 없는 상태로 남아 있다. 그래서 그때마다 유럽인이 비유럽인과 어떻게 다른 것인지를 반복해서 확인할 필요가 있다. 게다가 18세기 이후 국제세계를 이끈 유럽인과 비국제세계의 주민인 비유럽인은 새로 도입된 인종이라는 분류계에 따라 백인무색인과 유색인people of color으로 분류되기 때문에 마치 모든 유럽인이 백인인 듯한 통설이 보급되게 된다.[5] 그러나 '백인'이라는 범주는 끊임없이 변동하기 때문에 백인을 본질화하고 싶은 욕망이 스스로를 백인으로 간주하고 싶은 사람들 사이에서 끊임없이 일어나고, 스스로를 유색인으로부터 구별하는 방편을 갈망하게 된다.

이와 같이 유럽인의 동일성 정치the identity politics of whiteness란 유럽인과 비유럽인의 차이를 반복 확인하는 욕망, 혹은 지향성에 근거하고 있어, 이 욕망을 인류적 차이에 대한 욕망이라고 지칭할 수 있겠다. 근대 인문학과 지역 연구와 같은 지식 생산의 제도는 은밀하게 인류적 차이에 관련된 역학에 의해 뒷받침되고 있다. 게다가 이 문제가 되는 시스템은 이미 잘 알려진 인간주의 일반에 연결되어 있다.[6]

---

5 '백인'이라는 범주 자체는 역사적으로 전혀 안정성을 갖지 못하는 것으로 알려져 있다. 예를 들어 19세기의 연합왕국이나 미국에서 아일랜드인은 백인으로 간주하지 않았으며, 20세기가 되어도 남유럽이나 동유럽으로부터의 이민을 통한 백인은 백인으로 취급되지 않았던 예가 매우 많았다. 인종이란 사회-정치적인 범주이지, 개인 신체의 생물학-생리학 특징과는 전혀 무관하다. 과학적 인종주의란 이처럼 유동적인 인종 분류를 본질화-자연화하는 이데올로기와 다름없을 것이다.

6 특히 인문과학의 인류론적 차이(anthropological difference)는 두 가지 대비적인 지식 생산의 분야를 만들어낸다. 이것들을 나는 humanitas 혹은 anthropos라고 불러왔다. 보다 상세한 논의는 "'You Asians': On the Historical Role of the West and Asia Binary" in Tomiko Yoda and Harry Harootunian eds., *Millennial Japan, Rethinking the Nation in the Age of Recession*, The South Atlantic Quarterly, Fall 2000, pp.789~817.

4. 국민국가의 성립과 주체의 종속화assujettissement

유러시아 대륙의 동쪽 끝에 사는 사람들에게 스스로를 '아시아인'이라고 인정하는 것은 물론, 고통스러운 체험이었다. 근대 국제세계에서 벗어나 국제법에 의한 보호를 빼앗겨 유럽 열강의 식민지 폭력에 잠재적으로 노출된 결과로 사람들은 정복되고 노예화되었다. 사람들은 패배를 통해 스스로가 아시아인임을 배웠다. 사람은 패배를 통해 아시아인으로서 자기획정을 하게 되는 것이다. 루쉰魯迅이나 다케우치 요시미竹内好가 '패배'라고 하는 표현에 의해 표명한, 그들의 근대화에 대한 결의를 잊을 수는 없다. 그들의 근대화에 대한 결의는 이후의 근대화론modernization theory에서 전형적으로 보이는 낙천적인 것이 아니었다. 근대화라는 발상은 이러한 근대 국제세계에서 '극동'뿐만 아니라 남아시아, 아프리카, 라틴아메리카, 오세아니아 등 국제세계에서 배제된 사람들에 의해 기원처럼 표명되었다. 동시에 근대화는 근대 국제세계의 역사적 동태의 정형으로도 파악될 수 있다. 따라서 한편으로는 식민지화에 대한 저항과 투쟁 속에서 이루어지는 근대화와 다른 한편으로는 '잔여' 세계의 식민지화 과정을 탈정치화한 진보사관으로서의 근대화 발전에 대한 논의 모두가 세계사의 기본형을 형성하게 된다. 근대 세계사는 '진보'라는 새로운 비유에 의해 짜인 이야기지만, '진보' 뒤에는 '발전사관'이라는 뜻이 내포되어 있기 때문에 진보라는 비유를 받아들이는 것은 동시에 진화론에 기초한 진화의 위계를 받아들이는 것이기도 하다. 진보를 놓친 자들은 후진성, 열등성, 전근대성으로 낙인되는 것이다. 근대성이 가지고 있는 이러한 이중성을 기억해 두어야 한다.

지금까지 근대 국제세계를 이야기했지만 국제성internationality, 즉 국민과 국민이 함께 공존하는 체제 자체에 대해서는 언급하지 않았다. 17세기 국제법이 처음 체결된 단계에서 국제성의 구성 단위는 앞서 말했듯이 영토적 국가 주권이었지만 국민이라는 특수한 공동체에서 그 정통성의 근거를 찾는 것은 아니었다. 그러나 18세기 이후, 사태는 급속히 변해갔다. 그동안 신분제에 근거를 둔 사회가 점차 해체되면서 미국의 독립전쟁과 프랑스 혁명으로 시민 · 부르주아라는 진흥 계층에 이끌린 전대미문의 국민 · 민족이라는 공동체가 정치적 정통성을 획득하게 된다.

지금까지 국민 · 민족이라는 전례가 없는 공동체에 대해 여러 차례 이야기했으므로 여기서 자세한 논의는 생략하겠다. 19세기에 이르러 국민 · 민족을 정치적 정통성의 근거로 하는 논의와 영토적 국가적 주권은 종합되고, 국제적으로는 국민-국가라는 형태가 지배적이 되었다. 19세기말 제국주의의 전성기까지 적어도 국제세계 안에서는(국제세계의 밖, 즉 '잔여'의 세계에서는 사정이 전혀 다르다) 근대국가는 국민-국가라는 형태를 취하게 되어 국민-국가가 되지 못한 식민지 종주국은 차례로 식민지 지배세력의 위치에서 실격하게 되었다. 오스만 · 터키, 청제국, 합스부르크 제국 등이 전형적인 예로, 제1차 세계대전 이후 세계에서는 국민-국가의 형태를 취할 수 있었던 국가주권만이 식민지 지배 종주국의 자격을 유지할 수 있게 되었다. 즉 국제세계의 정통 구성주권은 19세기 말, 제국주의 시대에는 모두 국민-국가가 되고 마는 것이다.

그런데 '잔여', 즉 근대 국제세계 밖에 놓인 지역의 경우 국민공동체에 그 근거를 둔 국가주권은 ―물론 일본이나 샴 왕국Siam Kingdom과 같은 간신히 식민지화를 피해 주권국가의 체면을 유지할 수 있었던 나라들을 예외로 하여― 성립되지 못했다. 19세기 말까지 근대세계의 식민주의 체제는 영토적 국가주권을 구성한 국민-국가가 종주국의 역할을 맡은 반면, 식민지의 피지배자들은 영토적 국가주권을 구성하는 데 실패했을 뿐만 아니라 국민공동체를 스스로의 힘으로 만들어내고, 자신의 국민공동체에 근거를 둔 국가주권을 수립하는 데 실패했기 때문에 종주국에 의한 식민지 통치에 의해 종속될 수밖에 없었다. 즉 식민지 지배를 받는 지역의 주민이란 스스로를 국민으로서 통합하는 데 실패하고, 스스로를 국민-국가로서 영토적 국가주권으로 자기 구성할 능력이 없는 자들이라는 뜻이 되어버렸다. 이 국민의 자립의 이야기는 근대화의 이야기의 중요한 요소가 된다.

이러한 근대화는 반식민지주의 국민주의의 동기 부여가 되기도 하지만 한편으로는 식민지 지배의 정당화의 논리로서 기능하게 된다. 스스로를 국민으로서 통합해 자립하는 능력을 가지지 못하는 자들은 식민지화되어도 어쩔 수 없다는 것이다.

이 글에서는 국민·민족의 역사적 생성의 과정에 대해 구체적으로 언급하지 않겠지만, 국민·민족이라고 하는 공동성의 특이성을 필요한 만큼 지적해 두고자 한다. 다른 논의 장에서 일본의 사례를 이용해 국민·민족의 형성이 어떻게 사회 편제의 방식을 바꾸어 가는지를 논한 바 있다.[7] 극히 단순화해서 말하면 사회 편제의 전체totality와 개개의 사람과의 결합이 신분이나 친족 관계에 의해서 편성된 자기획정의 양식'관계적 동일성

(relational identity)'에서 다른 자기획정의 양식'종적동일성(specific identity)'으로 이행하는 것이다. 이 혁명적인 이행의 결과로서 '개인'이 태어난다. 메이지 유신의 결과 일본의 새로운 국민·민족 통일의 원리로서 히로타 마사키ひろたまさき가 '일군만민제一君万民制'라고 부른 개인을 국민의 전체에 '일시동인一視同仁'적으로, 즉 무매개無媒介에 통합하는 구조가 도입되는 것이다.[8]

관계적 동일성에서 종적 동일성으로의 이행에 따라 출현하는 새로운 정치적 가치가 있는데, 바로 '평등'이라는 이념이다. 평등은 국민·민족 공동체가 '개인individual'으로 구성되며 국민 전체totality는 제각기 분리된 개인이 무매개적으로 가족, 교회, 지연공동체 등 중간집단의 매개체를 거치지 않고 한꺼번에 전체에 통합됨으로써 성립된다.

국민·민족 공동체가 성립했다고 해서 신분이나 친족 관계에 근거하는 사람들의 연대나 분업, 지배·피지배 관계가 소멸해 버리는 것은 아니다. 사회 편제가 관계적 동일성에 의해 통괄되는 것은 계속된다. 그럼에도 불구하고 국민·민족 공동체에서는 종적 동일성에 관련된 원리가 기본적인 정치적 가치를 한정하게 된다. 그 예가 바로 투표권이다. 또한 '권리' 라고 불리는 정치적인 자격은 '개인'에게 인정되는 것이며, 원칙으로써 가족이나 조합, 길드, 교회 등의 개인의 연대나 조직에는 주어지지 않는다. 더욱이 '개인'은, 예를 들면 보편적 교육을 받을 '권리'를 획득한다.

---

7 酒井直樹, 『ひきこもりの国民主義』, 東京 : 岩波書店, 2018; 보다 자세한 논의는 *The End of Pax Americana, and Nationalism of Hikikomori*, Durham : Duke University Press, 2022.

8 岩波日本近代思想体系, 『差別の諸相』, ひろたまさき 해설, 東京 : 岩波書店, 1990, pp.436~516.

국민공동체에 귀속된 모든 개인은 '국적'이라는 국가주권에 의해 보호받을 수 있는 보편적인 자격을 획득하며, 이 자격은 다양한 권리를 개인에게 부여한다. 반면, 국적을 갖지 않은 외국인은 이러한 권리를 박탈당하고 차별당하게 된다. '권리'의 다른 한편에는 '의무'도 '개인'에게 부과되는 것이다. 이러한 의무에는 새로이 '징병' 의무가 포함되며, 모든 성인 남성은 국민공동체를 위해 목숨을 바치는 것이 의무화될 뿐만 아니라, 필요할 경우 외국인의 공격에 대항해 외국인을 살해하는 데 최선을 다하도록 의무화되어버린다. 메이지유신 이전에는 이러한 징병 의무는 전체 인구의 5% 미만인 무사 계급에만 한정되어 있었고, 나머지 95%의 인구는 무기를 보유하거나 전투에 참가하는 것이 허용되지 않았다. '징병' 의무가 신분과는 무관하게 전 남성 인구에게 무차별적으로 분배되는 것은 불가능 했다. 그리고 징집 의무는 잠재적으로 인구의 절반을 차지하는 남성의 '남성다움'의 상징으로서 남성일반을 한정하게 되었다. '남성성=병사성'이라는 감성-미학적aesthetic 공식은 일본뿐 아니라 다른 근대 국민-국가에서도 널리 유행하게 되는 것은 이 때문이다. '남자다움'의 행동원리가 근대화된 사회 일반으로 확산되게 된 것도 이 때문일 것이다.

이 '남성성'의 감성-미학적 습관의 전개는 소위 '근대가족'의 도입과 병행하여 일어난다. 국민 · 민족공동체를 국민-국가의 기반으로 조직하는 과정에서 '가족'의 정의가 그 이전의 관계적 동일성에 의한 친족관계동아시아에서는 유교적인 윤리에 의해 통어된 친족관에서 종족적 동일성에 의한 가족관계일부일처제와 자유연애관에 의해 통어된 가족관로 변환한다. 가족관의 변화와 함께 성적 자기획정의 장치가 바뀌어 동성애를 증오하는 습관이 사회 전체를 지배하고 동성애나 트랜스젠더의 사람들은 철저히 모욕되고 배제되게 된다. 그 가장 단적인 결과가 제도로서 동성애 혐오homosexuality의 성립일 것이다. 메이지 유신 이전에는, 동성애를 이상성異常性으로 보는 동성애 혐오는 존재하지 않았다. 동성애는 널리 실천되었고 동성애를 감추려는 습관도 없었다. 그러나 메이지 시대, 근대화의 과정에서 사태는 급격한 변화를 겪게 된다. 동성애 혐오가 출현하여 19세기 말에서 20세기 초에는 이성애 정상성heterosexual normalcy 규범이 일반화되었고, 현재에도 일본 사회는 전 세계 근대 산업사회 중에서 동성애를 가장 기피하는homophobic 사회로 유명하다. 동성애 혐오는 한 남성과 한 여성간의 이성애에 기반한 근대 가족관의, 이른바 부정적인 그림과 같은 것으로, 동성애 혐오는 가족 근대화의 불가피한 결과라고 생각해도 좋을 것이다. 이들 근대화의 전개는 넓고 생정치biopolitics 영역이 확충되는 것으로 보아도 좋겠지만, 국민화의 진행은 개인으로서의 국민 주체화를 추진함과 동시에 근대가족이라는 편성을 충실히 해 나간다.

일반적으로 근대화라는 개념은 근대세계에서의 사회의 변화 일반을 나타내는 것이고, 단순히 개인의 주체화나 권력 편제로의 편입만을 가리키는 것은 아니다. 근대화는 과학적 합리성의 진전과 공업기술의 충실, 근대관료제도의 정비, 근대적교육제도 · 국민교육제도와 대학의 건설, 자본주의의 진전과 산업화, 국민은행을 포함한 국내 금융기관의 건설, 국민통화의 설정, 국내교통기관의 충실, 관세제도를 비롯한 국제무역체계의 건설, 근대적 군대의 창출과 국민징병제의 실시 등 다양한 시도를 포괄하는 것이다.

그러나 근대화의 중요한 요소로서 개인의 생성과 인간의 주체화subjectivation를 무시할 수는 없다. 특히 근대화의 현저한 특징으로서 발전론진화론적인 내용을 제시하지 않을 수 없다. 다양한 제도의 발전뿐만 아니라 개인의 역사적인 발전에 이러한 내용의 기본 구조가 적용된다. '아시아인'과 '아프리카인'인 개인에게 '유럽인'과 '서양인'은 보다 문명화된 모범적인 인간상으로 기능하게 된다. 서양인은 아시아인을 앞서가는 선도자이며, 개인의 수준에 있어서도 유럽 혹은 서양은 아시아나 아프리카를 앞서가고 있다는 믿음이 지배하게 된다.

그 결과 기묘한 도착倒錯이 종종 발생한다. 자본주의의 내재적인 논리를 추구하거나 과학적 합리성을 관철한 결과 다양한 제도가 바뀌어 결과적으로 근대화가 일어나는 것이 아니라, 유럽이나 서양을 맹목적으로 모방함으로써 근대화가 일어난다는 기묘한 확신이 이른바 '잔여'의 나라들의 주민들뿐만이 아니라 서양인과 '자칭하는 자' 사이에서도 지배적이 되는 것이다. 여기에서 볼 수 있는 것은 바로 정신에 있어서의 식민지화이다. 우리는 근대화를 어떻게 하여 '식민지화의 수사'의 굴레로부터 해방하는지, 식민지화와는 무관한 근대화를 어떻게 발상해야 하는가에 대한 과제에 직면하게 된다.

5. 근대 국제세계의 변천과 서양과 잔여The West and the Rest의 이항 대립 관계

근대 국제세계가 마치 항상적이고 견고한 구축물인 것처럼 설명해 왔다고 판단하는 독자가 많지 않을까 두렵다. 국제세계는 끊임없이 변화하고 있으며, 17세기에 처음 제도화된 이래 많은 변화를 겪어왔다. 18세기 이후, 국제성은 국가주권의 병존체제뿐만 아니라 국민·민족이라는 새로운 공동체의 병존체제라는 성격을 획득하였는데, 이 점에 대해서는 간신히 언급해 왔다. 그러나 근대 국제세계는 더 많은 변화를 겪고 있으며, 20세기 이후의 역사는 이 국제세계의 변천에 어떻게 대응해야 하는가에 대한 문제의식에 의해 이끌려 왔다고 해도 무방할 것이다.

우선 짚고 넘어가야 할 것은 국제세계는 17세기에 성립되었으며 제1차 세계대전과 함께 붕괴되었다는 점이다. 예를 들어 유럽의 전쟁이 지나치게 폭력적으로 될 것을 미리 방지하고 있던 비전투원과 전투원의 구별은 제1차 세계대전 중에 무효가 되고, 비전투원의 무차별적인 살육이 이루어져 유럽이라는 국제세계와 '잔여'의 세계의 차이는 사라지고 말았다는 관점이 있다. 즉 유럽 주민들이 식민지의 주민과 똑같이 취급받기 시작하면서 지금까지 국제세계와 '잔여'를 양분하던 서양과 '잔여'의 차이가 일시적으로 소멸하게 된 것이다. 제1차 세계대전 후 시도된 국제연맹The League of Nations은 국제사회를 어떻게든 다시 일으켜보고자 하는 절망적인 시도였다. 동시에 국제연맹은 유럽인과 비유럽인의 차이, '서양'과 '잔여'의 차이를 어떻게든 유지하려는 유럽중심주의의 '발악'이기도 했다고 생각할 수 있다.

잊어서는 안 될 것은, 바로 국제연맹에 의해 근대 국제세계를 구제하려는 시도가 행해지고 있던 중에, 대서양 서안에서는 1924년에 존슨-리드 법Johnson-Reed Act이 미국 의회를 통과해, 대서양 동안에서는 국민사회주의가 번성해, 아리아인의 우수성을 기리고, 인종의 수준에서 서양과 '잔여' 사이의 구별을 유지하게 되었다는 것이다. 백인우월주의란 이러한 근대 국제세계의 질서를 유지하려는 정치적 노력의 총칭이라고 해도 좋을 것이다.

지금까지 근대 국제세계에 대한 고찰을 피력해 왔다. 국제세계란 일의적으로는 국가주권과 국가주권 사이의 외교적 관계에 관한 정치적인 합의를 말하며, 그 직접적인 표현이 국제법Jus Publicum Europaeum, 유럽공법이다. 그런데 국제세계라는 제도는 여러 가지 차원에서 다른 제도와 연합한다. 우선 근대 식민주의는 국제세계의 지리적 배치에 따라 폭력을 분배하는 체계였고, 덕분에 유럽의 주민들은 식민지 폭력으로부터 보호받고 있었던 것이다. 그러나 유럽인이 식민지 폭력에서 면제되는 사실은 국제 협약에 따른 것이라기보다는 유럽인 자신의 성격, 더 분명히 말해 유럽인이라는 인종에서 유래했다고 볼 수 있겠다. 다른 말로 하면 국제세계가 이끄는 유럽(혹은 서양)과 잔여의 이분법은 표식이 없는unmarked 인간(인간의 정상성) 대 표식이 있는marked 인간(인간의 이상성), 혹은 무색의 인간non-colored 대 유색의 인간colored, 유색인종이라고도 함의 이분법을 초래한다.[9]

9 인종주의라고 하는 인간을 분류하는 장치는, 두 개의 다른 기능에 의해서 유지되고 있다. 하나는 고전 논리의 개체(individual)-종(species)-속(genus)에 입각한 종화(specia-

이 분류는, 현재에도 전 세계에 넓게 실천되고 있는 인종주의의 기본 분류, 무색의 인간non-colored people과 유색의 인간colored people을 기초로 하고 있다. 더욱이 '서양'과 '잔여'의 이분법은 문명화된 인간과 문명화되지 않은 인간의 차별과 연합한다. 이러한 각종 분류(단적으로는 부유하는 종의 차이)는 느슨한 연합을 형성하고, 세계를 인종의 위계와 발달한 문명과 미발달 문명의 위계로 상상하는 것을 허락하게 하는 것이다.

제1차 세계대전 후 필사의 노력에도 불구하고 국제연맹을 통한 국제법을 재흥하려는 시도는 1939년까지 완전히 실패했다. 제2차 세계대전의 개전과 함께 국제법이 없는 세계가 다시 재현된 것이다. 제1차 세계대전에 이어 제2차 세계대전은 유럽뿐 아니라 아시아에서도(런던, 리버풀, 드레스덴, 충칭, 난징, 도쿄, 히로시마, 나가사키 등) 비전투원의 무차별 폭격에 의한 학살은 다반사가 되었다.

근대 국제세계라는 세계편성은 이처럼 20세기 들어 몇 번이나 위기를 맞으면서 서양과 잔여로의 이분법을 유지하는 것은 점점 더 어려워질 뿐만 아니라, 영토적 국가주권을 국제세계에만 한정시키고, '잔여'의 주민은 오로지 식민주의의 피지배에만 의존하게 되는 것이 점점 더 어려워지고 있다.

---

tion)로, 이 기능에 따르면 속(genus)로서의 인류는 흑인, 황인, 백인 등의 인(人)-종(種)으로 나눌 수 있다. 다른 하나는 인종의 인식적 기능에 따른 분류로 다른 사람의 인종을 인식하는 입장과 자신의 인종을 인식하는 입장으로, 영어로 말하는 people of non-colored와 people of color의 이분법이 이에 해당된다. people of non-colored란 무색의 사람들이 아니며, 인종 인식에 있어서 자기는 일의적으로는 인종 인식의 대상이 되지 않기 때문이다.

1942년 미국과 연합왕국영국은 제2차 세계대전 후 세계패권을 선점하기 위해 다시 국제세계를 재건하려는 시도에 들어섰다. 이러한 국제세계 재구축 시도는 국제연합The United Nations으로 불리며 일본, 독일, 이탈리아의 삼국동맹Axis에 대항하는 영국, 미국, 소련 연합국Allied의 정당성의 근거로 제시되어, 제2차 세계대전 후 75년 후 현재까지 국제연합은 국제법을 구현하는 국제기관으로 군림하게 된다. 그런데 연합국 중 대영제국연합왕국, 프랑스공화국(제2차 세계대전 중 프랑스는 독일에 점령되었기 때문에 실질적으로 연합국의 일원이 아니었다), 네덜란드 왕국 등은 유럽 밖에 식민지를 둔 전형적인 구태의연한 식민지 종주국이며, 제2차 세계대전이 삼국동맹의 패배와 연합국의 승리로 끝난 후에도 19세기 말까지 전성기였던 근대 국제세계의 태세를 유지하고자 했다. 제2차 세계대전 중 연합왕국the United Kingdom, 프랑스 공화국, 네덜란드 왕국 등은 식민지의 몇몇을 직접 지배할 수 없었다. 동남아시아에서는 많은 지역을 일본이 점령했기 때문에 말레이시아영국, 인도네시아네덜란드 왕국, 베트남프랑스공화국, 필리핀미국은 잠시 일본의 관리 하에 들어갔다. 제2차 세계대전이 연합국의 승리로 끝나자마자 유럽의 구식민지 종주국들은 전쟁 전에 지배했던 식민지들연합왕국(영국) : 인도, 이집트, 말레이시아, 홍콩, 상하이 등; 프랑스 공화국 : 알제리, 베트남 등; 네덜란드 왕국 : 인도네시아을 다시 지배하여 이들 식민지 지배 체제를 회복하고자 시도했다.

이에 반해 미국은 아시아나 아프리카에서의 반식민지 국민주의 운동의 격렬함을 고려해 국제세계의 구성을 대폭 재편성하고 반식민지주의의 위장 아래 은밀하게 유럽중심성을 관철하는 새로운 식민지체제를 구상한다. 연합국들 사이에서 식민지체제의 재편과 국제세계의 재구축에 대한 의견의 차이가 드러날 뿐만 아니라 국제세계의 중심이 대서양의 동안에서 서안으로 옮겨 국제연합의 본부는 뉴욕시에 새로 설치되었다. 팍스아메리카나Pax Americana 아메리카의 지배 아래 평화가 도래하는 것이다. 미국 정부는 종래의 식민지 체제를 폐기해 국제세계를 전 세계로 넓히고 식민주의에 반대하고 반식민주의 국민주의를 지지하는 명분을 내세우는 것처럼 행동했다. 그러나 미국 국내에서는 백인우월성에 의해 조직되어 공중화장실의 인종차별, 투표권의 인종에 의한 제약, 인종간의 통혼금지 등 노골적인 식민지 지배=인종주의가 그대로 존재하고 있어 국제적인 무대에서의 미국의 반식민지주의의 태도는 거의 우스꽝스럽기까지 했다. 이 사태는 1960년대 시민권운동, 반베트남전쟁운동, 1965년 하트-셀러법The Immigration and Nationality Act of 1965이 미국의 사회 편성을 크게 바꿀 때까지 지속되었다.

지금까지 식민지로서 국가주권을 빼앗긴 상태에 있던 지역 주민들에게 '독립'의 기회를 부여하고, 국제연합The United Nations을 정면에 내세워 국제세계와 '잔여'의 분할 없이 전 지구적으로 국제세계를 확장하는 국제성을 구상하는 듯, 미국은 국제무대에서 행동하고 있다. 그러나 연합왕국영국, 프랑스공화국, 네덜란드왕국 등 구식민지 종주국들은 미국의 포스트식민주의 구상에 저항해 아시아, 아프리카 그리고 오세아니아의 식민지를 유지하기 위해 노력을 거듭하지만 인도, 미얀마, 말레이시아, 베트남, 인도네시아 등지에서 차례로 현지의 반식민지주의 국민주의 독립운동에 패배하고 식민지 통치권을 포기할 수밖에 없는 처지에 몰리게 되었다.

먼저 일본의 식민지였던 한반도, 대만, 만주 등은 1945년 일본 패전 후 해방되어 연합국의 (실질적으로는 미국의) 점령지로 이행된다. 동아시아에 한해서 말하면, 대동아전쟁 · 태평양전쟁 중에 일본의 제국주의가 수립된 대동아공영권은 고스란히 미국이 계승하고 아메리카 제국의 관리 아래 일본의 식민지였던 '한국', '대만'은 독립했다('조선민주주의인민공화국'은 소비에트 연방의 관리하에 '독립'한다). 마침내 1946년부터 1960년대에 걸쳐 아시아, 아프리카, 오세아니아, 미국의 식민지로서 국가주권을 박탈당했던 주민은 차례로 '독립'을 이루어 국민국가로서 자기구성을 도모하고, 각각 영토적 국가주권의 자격을 획득한다. 즉 제2차 세계대전의 세계에서 마치 근대 국제세계의 '서양'과 '잔여'의 분할이 처음으로 극복되어 국제세계가 전 지구상으로 확대된 듯한 느낌을 가졌다.

6. 탈식민화와 '서양'과 '잔여'의 이항성dichotomy의 한계, 근대 국제세계의 종언?

팍스아메리카나 아래 전개된 국제세계는 오늘날 이 국제학술대회에 모인 사람들의 대다수가 자라온 사회환경을 형성해 왔다. 거기에서 원래 근대 국제세계가 가지고 있던('서양'과 '잔여'의 언설에서 유래한다) '서양'과 '잔여'의 이항성은 전경에서 물러나 국제성이란 전 지구상을 뒤덮는 외교원리인 것처럼 생각하게 된다. 식민주의가 근대 국제세계의 불가피한 귀결이라는 사실이 교묘하게 간과되었다.

현재 집행되고 있는 국제법에서는 '유럽'의 안과 '유럽'의 밖이 엄격히 구별되지 않는다. 그럼에도 불구하고 국제법에 의해 보호되는 인간과 보호받지 못하는 인간의 구별—식민주의 폭력으로부터 보호되는 인간과 식민주의 폭력에 의해 종속되는 인간—의 차이는 제2차 세계대전 이후에도 은연히 적용되고 있다. 제2차 세계대전 종전 5년 후, 일어난 한국전쟁 시기의 한반도에서 비전투원들은 무차별 폭력의 대상이 되어 무려 300만을 넘는 인구가 생명을 잃었다. 1960년대에 들어서면 베트남, 캄보디아에서 비전투원을 대량 살육하는 베트남전쟁제2차 인도차이나전쟁이 일어나 20년 가까이 비전투원과 전투원 모두의 생명을 앗아가게 된다. 캄보디아와 라오스에도 전쟁이 확산되어 최소한 2백만 명 이상의 인명이 손실되었다. 베트남전쟁 이후에도 이라크와 시리아, 예멘 등 식민주의 폭력은 지속되었고, 현재도 아프가니스탄에서 근대 국제세계 외부에서 자행된 전형적인 식민주의 폭력이 지속되고 있다.

제2차 세계대전 후, 미국은 반식민지주의 국민주의의 입장에 서서 전쟁 전의 유럽 열강과 일본이 채택한 식민주의를 탄핵하는 자세를 과시하고자 했다. 그러나 전후 미국의 입장을 검토해 보면 알 수 있는 것은 근대 국제세계의 양극 구조('서양'과 '잔여')[10]를 파기하지 않고 도리어 주도 면밀하게 양극 구조를 유지하고, 근대세계의 유럽중심성서양중심성을 어떻게든 유지하는 데 그 역사적 사명을 찾아내고 있다는 점이다.

10 말할 것도 없이 미국은 북아메리카에 위치하고 있기 때문에, 유럽이라고 부를 수 없다. 적어도 북대서양에서는 20세기 초에 서양(The West)은 미국의 번영과 함께 유행하게 된다. 유럽중심성과 서양중심성은 거의 같은 사태를 가리킨다고 생각해도 좋을 것이다.

여기에서 기억해야 할 역사적 증언이 있다. 앞서 언급한 칼 슈미트의 『대지의 노모스—유럽 공법의 국제법』이다. 슈미트는 이 책을 나치의 유럽 중심성을 재흥하는 역사적 운동이 완전한 실패로 끝난 5년 후에 발표했다. 그는 이 책에서 그의 역사적 소망을 고백하고, 거기서 대서양의 동안東岸에 위치한 나치가 끝내 성취하지 못하고 끝난 사명을 이번에는 대서양의 서안西岸에 위치한 미국이 계승하는 방향으로 의론을 구성하고 있다고 말한다.[11]

슈미트의 이 소망은 당시의 역사적 상황으로 볼 때, 결코 극우의 상심도 아니고, 패배자의 울부짖음도 아니다. 여기에는 타당한 추측과 객관적인 판단이 있다고 생각한다. 이미 역사가들에 의해 알려진 사실이지만, 1924년 미국 의회를 통과한 이민법The Johnson-Reed Act of 1924은 히틀러에게 많은 시사점을 주었고, 『나의 투쟁*Mein Kampf*』과 미국에서의 백인우월주의white supremacy의 밀접한 관계에 대해서는 역사가들이 증언하고 있다.[12] 제2차 세계대전이 연합국과 삼국동맹국 간의 대결이었음은 의문의 여지가 없다. 그러나 독일과 미국은 근대 국제세계에 표현된 인종주의라는 공통의 기반을 공유하고 있었던 것도 틀림없는 사실이다. 2017년부터 2020년까지 성립된 트럼프 행정부는 이러한 맥락에서 바라보면,

11 『대지의 노모스』(下) 제4부 대지의 새로운 노모스의 문제에서 미국을 중심으로 한 새로운 서양중심성의 구상이 추구되고 있다.

12 대표적으로 Stefan Kühl, *The Nazi Connection, Eugenics, American Racism and German National Socialism*, Oxford : Oxford University Press, 1994; Max Wallace, *The American Axis, Henry Ford, Charles Lindbergh, and the Rise of the Third Reich*, New York : St. Martin's Press, 2003을 들 수 있다.

계속되는 백인우월주의와 종래의 국제세계가 결코 과거의 것이 되지 않았다는 증거가 된다. 독일 국민사회주의로 대표되는 유럽중심성서양중심성은 지속되고 있다. 1945년 이후 미국 패권하의 평화Pax Americana로 국제세계는 서양과 잔여, 양극성을 극복한 것처럼 보이지만 종래의 국제세계는 결코 사라지지 않았다.

마지막으로 탈식민지화에 대해 간단히 언급하면서 논의를 끝맺고자 한다. 제2차 세계대전이 끝난 후, 국제세계는 전 세계로 퍼져나가 어느 식민지라도 일단 독립하면 식민 지배에서 벗어날 수 있다는 명분을 내세워 왔다. 그 결과 식민주의의 반의어가 독립인 것 같은 상식이 지배하게 되었다. 이 국제세계의 이해는 종종 잘못된 포스트 콜로니얼의 이해를 초래한다. 바로 식민지 지배가 식민지의 독립으로 끝난다는 믿음이다. 국가주권으로서의 독립이 식민지 지배의 끝을 의미하며, 독립 후에는 포스트 콜로니얼식민지 지배 이후의 시간이 온다는 것이다. 하지만 제2차 세계대전 이후 동아시아의 역사를 생각해 보자. 일본제국의 패배 이후, 한국도 대만도 모두 일본의 식민 지배에서 벗어났다. 그러나 이 독립은 미국의 식민지 지위를 새로 인수하는 것에 불과했다. 일본도 연합국의 점령 후에 1952년에 '독립'을 하게 된다. 그러나 '독립'이란 미국의 군대가 반영속적으로 주둔하면서 extra-territoriality의 집단안전보장 체제라는 식민지지배를 받게 되는 것이다. 또한 미국 정부는 천황의 전쟁 책임을 면제하고 그렇게 함으로써 천황을 원격 조작하는 자원을 만들어 냈다. 대동아공영권을 운영하여, 전쟁 책임을 위해 본래 처형되어야 할 기시 노부스케岸信介와 쇼리키 마쓰타로正力松太郎, 사사카와 료이치笹川良一, 코다마

요시오児玉 誉士夫 등의 전범을 중앙첩보국Central Intelligence Agency 공작원으로 임명하여, 1955년에 성립된 자유민주당을 내부로부터 조작하여 독립 후 일본의 식민지화에 성공한다. 특히 기시 노부스케는 만주국과 대동아공영권을 좌지우지한 관료의 우두머리로서 그는 전후 동아시아에서의 대동아공영권 유산을 팍스아메리카나로 통합하는 데 힘써, 전후 일본을 미국의 '하청의 제국'으로 재흥하는데 성공한다.[13] 기시를 비롯한 전범보수는 미국의 지배 하에 일본을 두고 있을 뿐만 아니라 동아시아에서 미국권익의 옹호자 역할을 충실히 수행한다. 그러한 권익에는 동아시아의 군사적 지배도 포함되어 있어서, 일본의 전범보수는 미국의 동아시아 식민지 지배에 일익을 담당했던 것이다. 더욱이 이러한 식민지 지배 체제를 통한 군사 지배는 동아시아에만 국한되는 것이 아니며, 미국은 이처럼 전 세계 200여 개국에 미국의 군사 기지를 유지하여 전 세계 규모의 '군사기지제국Empire of bases'을 만들게 된다.

즉 동아시아의 미국의 위성국은 새로운 형태의 식민지인 셈이다. 팍스아메리카나 아래 영토적 국가주권으로서 독립을 이룬다는 것은 식민지 지배에서 탈출하는 것이 아니다. 독립을 지향하는 국민주의를 비판적

13 이미 기시 노부스케와 그의 동생 사토 에이사쿠가 미국중앙정보국(CIA)의 공작원이었음은 판명되었다. 그렇다면 기시 노부스케, 사토 에이사쿠라는 두 명의 내각총리대신뿐만 아니라 자유민주당의 간사장이었던 아베 신타로, 그 아들 아베 신조라는 전후 자유민주당의 보수세력을 좌지우지해 온 일족이 미국의 일본식민지 지배의 핵을 상징하는 것임은 분명할 것이다. 자세한 사항은 다음을 참조. "C. I. A. Spent Millions to Japanese Right in 50's and 60's", in *The New York Times*, October 9, 1994; Tim Weiner, *Legacy of Ashes – The History of the CIA*, New York : Anchor Books – A Division of Random House, Inc., 2007.

으로 고찰할 필요가 있다. 동시에 국제세계를 유지함으로써 서양중심성을 유지할 능력도, 자력도, 현재의 미국은 점점 잃어가는 현실을 보지 않을 수 없을 것이다. 탈식민지화가 이러한 복잡한 문맥을 감안하면서 고찰되어야 한다고 생각하는 것은 바로 이러한 이유 때문이다.

참고문헌

Hall, Stuart, "The West and the Rest : Discourse and Power", in Stuart Hall, David Held, Don Hubert, and Kenneth Thompson eds., *Modernity Introduction to Modern Societies*, London : Blackwell Publishers, 1996.

Kühl, Stefan, *The Nazi Connection, Eugenics, American Racism and German National Socialism,* Oxford : Oxford University Press, 1994.

Mezzadra, Sandro, and Brett Neilson, *Border as Method and the Multiplication of Labor*, Durham : Duke University Press, 2013.

Naoki, Sakai, *The End of Pax Americana, and Nationalism of Hikikomori*, Durham : Duke University Press, 2022.

__________, "You Asians", in 'Kwok, Kian-Woon, Indira Arunmugan, Karen Chia & Lee Chee Keng eds., *We Asians' Between Past and Future*, Singapore : Singapore Heritage Society, 2000a.

Naoki, Sakai, "'You Asians' : On the Historical Role of the West and Asia Binary" in Tomiko Yoda and Harry Harootunian eds., *Millennial Japan, Rethinking the Nation in the Age of Recession*, The South Atlantic Quarterly, Fall 2000b.

Wallace, Max, *The American Axis, Henry Ford, Charles Lindbergh, and the Rise of the Third Reich*, New York : St. Martin's Press, 2003.

カール・シュミット, 新田邦夫 訳,『大地のノモスーヨーロッパ公法という国際法における』, 東京:福村出版, 1976.

酒井直樹,『ひきこもりの国民主義』, 東京:岩波書店, 2018.

심판받은 자의 '기억'과 '기록'

전쟁재판을 통해서 생각하는 제국주의 연장과 계승*

우쓰미 아이코

1. '기억의 가시'

2018년 10월 30일 한국 대법원은 전쟁 시기 조선인을 징용한 신일본제철신일철주금에 배상할 것을 명령하였고 판결은 '불법적인 식민지 지배 상황에서 일어난 비인도성'을 언급하였다. 11월 29일에는 미쓰비시중공업에도 동일한 금액을 지불할 것을 지시하였다. 이를 두고 일본정부나 언론이 '언어도단言語道斷' 등 감정적인 반발을 거듭하는 가운데 90세 탄광기록 작가 하타나카 야스오畑中康雄가 『도쿄신문』 독자투고란에 기고한 글이 가슴을 울렸다.

가라후토樺太 탄광에서는 조선인이 병에 걸리면 원래 적었던 식사 배급

---

* 이 글은 잡지 『世界』 2019년 1월호 「전쟁의 기억, 특집」에 기고한 글을 대폭 줄인 후 가필, 수정한 것이다.

량이 더 줄었다. 어느 날 병에 걸린 조선인이 숙소 식당에서 하수로 흘려보낸, 까맣게 불린 우동 면처럼 보이는 것을 먹고 있었다. 이를 보고 있었던 우리[일본] 학생들은 괘씸하게도 비웃었다. 현재 이들은 그저 "조선인에게 사죄할 언어를 찾지 못한다. 단지 마음속에서 두 손을 모을 뿐이다"라고. 그리고 식민지 지배 원점에 돌아가서 이를 근본적으로 생각해야 할 시기에 이르지 않았을까 라는 말로 끝을 맺는다(2018년 11월 26일 일부요약).

2018년 1월 26일 사망한 전 자민당 간사장 노나카 히로무는 어린 시절 광산에서 일하는 조선인이 등에 무거운 짐을 지고 다니는 모습을 본 기억이 있다. 조선인은 너무 지쳐 쭈그리고 앉았고, 이윽고 그에게 날아온 채찍은 그가 피를 흘리며 땅을 기다시피 하며 걸어가게 만들었다. 그러한 모습을 본 노나카 씨는 '전후 64년이 지난 오늘날에도 전쟁의 상처는 아물지 않는다. 많은 미해결 상태인 상처를 보고서도 여전히 일본은 무모한 전쟁에 대한 책임을 지지 않는다. 이 사실 자체가 피해자들에게 큰 상처로 남아 있으며, 정치인으로서 미안한 마음'이라고 말하였다(2018년 11월 14일 중의원 외무위원회의사 속보, 중의원 외무위원회 고쿠타 게이지穀田惠二 의원 질의에서 인용).

필자는 한국·조선인 BC급 전점의 보상을 촉구하는 운동에 참여하면서 노나카 씨의 의원회관 사무소를 여러 번 찾아갔다. 그는 필자를 정중하게 대응해주었다. 한센병 서일본소송 원고단 사무국장은 노나카 씨는 "상처를 입은 이들에게 더 이상 상처를 주지 말아야 한다는 마음이 말 한마디에 묻어난다"고 하였는데, 정말 그랬었다. 노나카 씨는 보상을 요구하며 투쟁하는 전 한국인 BC급 전범 이학래李鶴來 씨에게도 배려하는 사람이었다.

동일한 광경을 보더라도 개의치 않는 사람이 있는가 하면 이들처럼 자신의 기억 속에 꽂힌 가시로서 인식되는 사람들도 있다. 쓰루미 슌스케鶴見俊輔가 바로 그런 사람 중에 한 명이다. 쓰루미 슌스케는 어떻게 '기억의 가시'와 마주하였는가. 그는 현실을 부정하지 않고 똑바로 직시함으로써 전쟁체험에서 의미를 찾을 수 있다고 말하였다.[2] 아직도 '기억의 가시'와 마주하는 사람들이 있다. 2018년 신국립극장 소극장에서 정의신鄭義信이 제작하고 연출한『적도의 마크베스赤道のマクベス』가 상연되었다. 이 작품은 싱가포르 창이 형무소에서 수감된 사형수의 방을 무대로 사형수들은 일본인과 조선인 전범으로 사형 집행을 앞두고 서로 갈등하는 모습을 보여준다. 그리고 이들이 사형 판결을 받은 사유는 태국과 버마 사이에 있는 태면 철도에서 일어난 포로 학대였다.

같은 해 기노쿠니야 홀紀國伊屋ホール에서 기노시타 쥰지木下順二의 이부작 연극 〈신과 인간의 사이에서神と人間のあいだに〉劇団民芸가 상연되었다. 이 작품은 BC급 전범재판을 다루었다. 극은 제1부 극동국제군사재판(이하 도쿄재판)을 다루는 '심판'과 제2부 인도양 니코발섬에서 있었던 주민 학살을 주제로 하는 '여름 남방의 로망스夏, 南方のローマンス'로 구성된다. 도쿄재판 법정을 찾아간 기노시타 쥰지는 심판받은 일본 전쟁범죄에 대하여 "만약에 자신이었다면"이라는 질문을 스스로에게 끊임없이 던지고 이를

2 鶴見俊輔, 久野収, 藤田省三との座談会,「戦争体験から何を汲み取ったのか」,『中央公論』昭和33年12月号.

마주하였다. 그리고 그 물음의 끝에 작품이라는 결실을 맺었던 것이다. 이와 더불어 기노시타는 한국·조선인 전범이 일본정부에 사죄와 보상을 촉구하는 운동에도 관심을 가졌다.

2018년에는 부커상Booker Prize을 수상한 리차드 플래너간Richard Flanagan의 저서 『먼 북으로 가는 좁은 길*The Narrow Road to the Deep North*』의 일본어 역서가 발간되었다.[3] 태면철도에 동원된 포로가 주인공으로 등장하는 이 책에는 포로를 학대하는 일본인, 조선인 감시원에 대한 묘사가 등장한다. 작가는 전범 재판과 전쟁터에서 겪었던 체험을 그리는 연극이나 소설을 통해 전쟁의 리얼리티가 결여된 전후 세대에게 고뇌로 가득한 메시지를 전달한다. 현재까지도 학대의 기억으로 고통 받는 옛 포로들은 일본인뿐만 아니라 포로를 감시했던 조선인 군인·군속에게까지 날카로운 시선을 보낸다. 그 가운데 사형 또는 장기형을 앞두고 극한 상황을 살아온 전범들은 어떻게 전쟁범죄를 이해하고 전쟁에 대한 책임을 생각하여 왔는지, 혹은 생각하지 않았는지. 그리고 전후 일본사회는 전쟁 재판을 어떻게 받아들였는지를 말이다. 그리고 가해자들과 달리 피해자들은 결코 잊지 않는다.

---

3 渡辺佐知恵 訳, 白水社.

2. 연합국 포로 동원

강제동원된 조선인 곁에는 연합군 포로가 있었다. 1941년 12월 8일 일본군은 말레이반도 코타바루Kota Bharu에 상륙하고 남진南進하였던 것을 계기로 아시아 태평양전쟁을 시작하였다. 1942년 2, 3월에 싱가포르, 필리핀, 자바 등에서 연합군이 항복한 결과 수많은 포로가 발생하였다. 제국과 본국의 병사 그리고 식민지 병사로 편성된 연합군 포로들 속에는 필리핀, 인도, 인도네시아 사람들을 포함하는 아시아인 병사들이 있었다. 일본은 그들을 원칙에 따라 해방하고 제국본국의 백인 병사만 포로 취급하여 구류하였다.[4] 포로는 훈련된 군인이었고 전직 공장노동자, 기술자 출신도 있었다. 포로를 귀중한 노동력으로 여긴 일본은 일본 국내로 이송하여 광산, 공장, 항만과 같은 곳에서 노역을 시켰다. 그 인원은 34,152명전후 연합국에 넘긴 수에 달하며 여기에 사망한 3,415명을 더하면 일본 국내에서 백인 포로 37,567명을 사역하였다. 그리고 한반도에서도 포로수용소가 개설되었으며 미국, 오스트랄리아인 포로들이 수용되었다.

싱가포르 등지에서 포로를 이송할 때, 전쟁 개시 이후부터는 남방에 수송된 선박을 사용하였다. 그러나 1943년, 1944년에는 선박이 부족해졌다. 그로 인해 '지옥의 수송선'이라 불릴만큼 선박창고에 1평당 7~8명씩 가두는 악조건에서 포로들이 이송되었다. 모지항門司港 가까이에 들어

---

4 포로의 수. 일본은 연합국군 포로를 제국본국의 백인 포로와 식민지의 아시아인 포로로 구분하였다. 1942년 4월 백인 포로는 94,347명. 9월에는 12만 5,309명으로 늘어났다. 俘虜情報局,「俘虜月報」第3 · 8号.

온 배에서 50년 이상이 지난 오늘날에도 현장을 목격한 이들은 그 광경을 잊을 수 없다고 한다. 안벽에는 창고에서 불거져 나온 관棺이 2단, 3단으로 쌓여 있었다. 누런 얼굴색의 포로들이 비틀거리면서 겨우 배에서 내려왔다. 그리고 그들은 일본 국내 포로수용소에 보내져 광산, 공장, 항만 등 노동현장에 배치되었다(1999년 5월 8일 인터뷰).

필리핀 바탄Bataan 전투에서 포로가 된 레스터 테니Lester Tenney도 일본으로 이송되었다. 미국 시카고 도시청년이었던 테니는 미쓰이탄광 광내 노동현장에 투입되었다. 물론 이곳에 오기 전 그에게 탄광노동 경험은 없었다. 또한 갱내에서 혹사당하고 충분한 식량과 의약품도 역시 제공받지 못했다.[5]

3. 혹사당한 포로들 _ 동남아시아 각지에서

한편 일본으로 이송할 수 없는 10만 명을 웃도는 포로들이 아시아 각국에 있었다. 군대가 수용했던 포로를 수용하기 위해 일본정부는 포로수용소를 개설하였다. 그리고 이를 위한 감시원이 필요했던 일본정부는 대만으로부터 군속을 모집하여 '특종부대'를 편재하였다. 1942년 6월 한반도에서는 전 지역에서 약 3,000명의 감시원을 모집했고, 이들에게는 부산에서 2개월에 걸쳐 초년병 교육에 가까운 훈련을 실시하였다. 그 후 이

5 レスター・テニー, 伊吹由歌子他 訳,『バターン遠い道のりのさきに』, 梨の木舎, 2003.

들은 자바, 태국, 말레이 등지에서 개설된 포로 수용을 위해 보내졌다.

포로수용소에서 수용된 '정식 포로'에 대한 처우는 국제조약에서 상세하게 규정되어 있다. 일본은 이 포로 처우에 관한 조약제네바 조약을 준용準用할 것을 1942년 1월 연합국에 통지했다. '준용'이란 무엇인가. 이 애매한 응답이 포로를 학대했던 하나의 원인이 되어 전후 전쟁 재판에서 심판을 받게 된다.[6]

국제조약 내용으로 포로에 대한 처우는 상세하게 규정되어 있었지만 일본은 '백인 포로'를 아시아 각지의 철도, 비행장, 도로건설 현장에 동원하여 사역하였다. 앞서 언급한 연극 '적도 하의 마크베스'에서도 다루어진 태국과 버마 사이의 철도태면철도/泰緬鐵道 건설은 유명하다. '제네바 조약' 등을 준수할 수 없는 가혹한 노역현장에 5만 명을 넘는 포로가 투입되었다. 여기에는 '조약'에 따라 노역을 강요할 수 없는 장교들도 포함되어 있었기 때문에 일본은 그들이 '자발적'으로 노역에 나서도록 했다. 패전까지 태면철도 현장에서는 포로 약 16,000명이 사망하였다. 특히 공사하는 데 가장 어려운 곳이었던 힌톡Hintok에서는 호우 속에서 바위산을 깎아서 만드는 선로 부설이 강행되었다. 충분한 식량도 없고 의약품도 부족한 상황에서 동원된 부대 F포스는 아래 표와 같이 사망자가 발생하였다. 이 현장에서는 조선인 군속이 공사를 진행하는 철도부대가 사용한 포로를 감시하였다.

6　内海愛子, 『日本軍の捕虜政策』, 青木書店, 2005 참조.

태면철도 F포스 포로

	총 인원	사망자 수	비율
오스트랄리아인	3,662명	1,060명	28.94%
영국인	34,00명	2,036명	59.88%
합계	7,062명	2,096명	43.84%

출전:F. フォース裁判·シンガポール軍事法廷, 1946.9.25~10.23

*일본 측 통계에서는 2,646명, '泰, 緬甸連接鉄道建設二件フ俘虜使用状況調書'

필리핀에서도 포로는 아사 직전 상태에 있었다. 포로수용소를 해방시킨 맥아더는 그 참혹한 상황에 분노하여 엄격하게 책임을 묻겠다고 항의하였다.[6] 이와 같은 연합군의 분노가 '포츠담선언' 제10항(우리 포로를 학대하는 자를 포함하는 일본의 모든 전쟁범죄를 엄격하게 심판한다)에 반영되었으며, 연합군은 이를 일본 측에 제시하였다. 전쟁 재판을 여는 것이 일본 패전의 조건으로 제시되었고, 일본은 이를 받아들였다.

재판에서는 전쟁 지도자뿐만 아니라 연합군포로 학대 등 '통상적 전쟁범죄'도 다루어졌다. 그리고 점차 포로를 사역한 현장 군인이나 민간인의 책임도 추궁하게 되었다. 일본 국내에서는 미국 제8군이 요코하마橫浜에서 군사재판을 열었고 광산, 공장 등에 동원한 백인 포로에 대한 학대를 중점적으로 다루었다. 아시아 각지에서 열린 군사법정48곳에서 혹사당한 포로들은 학대한 자의 이름이나 별명을 밝히며 고발하였다. 그리고 화교 등 주민학대도 심판 받게 되었다.

연합군은 전쟁 재판에서 조선인을 '일본인'으로 취급하여 재판할 것

7　俘虜情報局分室, 「敵性情報」 第16号(「大東亜戦争関係一件, 交戦国間敵国人及俘虜取扱振関係一般及諸問題3」 所収, 1944.10.23.

으로 정하였다. 아시아 각지의 포로 수용소에서 일한 조선인 군속은 식민지에서 해방되어 귀국할 희망에 가슴이 부풀었지만 결국 구속되고 말았다. 옛 포로나 '목실검首實檢'[8]의 대상이 되어 용의자로 자목된 이들도 있었다. 이렇게 기소된 일본인, 조선인들은 아시아 각국에서 열린 전범재판에서 심판 받았다.

4. 전쟁 재판

일본을 점령한 총사령부GHQ와 교섭했던 '종전연락사무국終戰連絡事務局' 요코하마 사무국장 스즈키 타다가쓰는 총사령부가 일본이 생각하는 것보다 더 전범문제를 무겁게 인식하였다는 것을 알았고 이에 바로 대처할 의향이 있었다. 항복문서조인9월 2일으로부터 9일 후인 9월 11일에는 도죠 히데키東條英機 전 수상이 체포되었다. 같은 날 저녁 총사령부는 개전할 때 도죠내각의 장관을 포함한 일본인 및 외국인 39명을 체포할 것을 명령하였다. 그 속에는 도죠나 도이하라 겐지土肥原賢二 등 '거물'뿐만 아니라 도쿄 포로수용소 소장 스즈키 군지鈴木薰二 등 포로수용소 관계자도 있었다. 중사軍曹 도비타 도키오飛田時雄 등은 '저 훌륭한' 도죠와 함께 체포된 사실에 놀랐다고 하였다(2017년 1월 22일 미토水戸 소재 도비타 씨 댁에서 인터뷰).

12월 3일 나시모토노미야梨本宮, 히라누마 기이치로平沼騏一郎, 사사가

---

8 [옮긴이 주] 누가 전범인지를 판별하기 위해 포로나 주민 앞에 일본군 병사, 군속을 세워 잔학행위를 저지른 자인지의 여부를 이들에게 판단케 한 일을 가리킨다.

와 료이치笹川良一, 오카와 슈메이大川周明 등 59명에게 체포 명령이 내려지고 6일에는 고노에 후미마로近衛文麿나 기도 고이치木戸幸一 등 9명에게도 체포 명령이 내려졌다. '전쟁범죄'를 심판한 재판에는 전쟁 지도자를 재판한 극동국제군사재판 즉 도쿄재판과 BC급 전범재판으로 불리는, 전쟁터나 전쟁 지역에서 일어난 '통상적 전쟁범죄(집단살해, 조직적 테러, 고문, 강간, 약탈·용서되지 않는 방법으로 포로를 취업하게 하는 범죄)'를 심판한 재판이 있다. 도쿄재판은 미국, 영국 등 11개국에 의한 국제법정이다. 1946년 5월 3일 도쿄재판은 이치가야다이市ヶ谷臺에 있던 전 육군사관학교, 현 방위성防衛省 대강당에서 열렸다(당시 법정은 현 방위성 안에서 보존되어 공개되고 있다).

'할리우드급'이라고 할 정도로 밝은 조명이 설치된 곳에서 피고석에는 전쟁 개시 당시 도죠내각 장관을 중심으로 하는 군인·정치인 총 28명이 앉았다. 과거 일본의 전쟁을 지도한 사람들이다. 법정 심리는 즉시 보도되었고 속기록도 작성되었다. 언론도 치열하게 보도하여 1946년 5월 3일 재판이 열리는 날에는 아침 일찍부터 기자와 촬영자들이 모여 입추의 여지도 없었다. 피고 28명 가운데에는 전 조선총독 2명과 전 조선 군사령관 1명이 있었다. 도죠 히데키 옆에는 전 조선총독 미나미 지로南次郎[9]가 앉았다. 뒤 좌석 오른쪽부터 두 번째 자리에는, 1942년 5월 미나미 다음으로 취임했던 고이소 구니아키小磯國昭[10]가, 왼쪽 끝에는 전 조선군사령

9 1936년 8월부터 1942년 5월까지 재임.
10 1942년 5월부터 1944년 7월까지 재임.

관 이타가키 세이시로板垣征四郎[11]가 앉았다. 이들에게 공통되는 기소사유는 침략전쟁의 공동모의 · 침략전쟁의 계획준비 · 침략전쟁 수행, 통상적 전쟁범죄 그리고 인도人道에 대한 죄였다. 도쿄재판에서 식민지 지배는 심리審理 대상이 되지 않았다.

재판이 열린 날로부터 1948년 4월 16일까지 약 2년간 심리가 계속되었으며 검찰 측은 2,282건의 증거서증을 제출하였다. 심리가 지속되는 동안 피고들은 미국 제8군이 관리하는 스가모 교도소Sugamo Prison에 수용되었다. 그리고 1948년 11월 12일 판결이 내려졌다. 피고 25명 전원이 유죄였다. 피고 가운데 오카와 슈메이大川周明는 개정 후 정신장애로 면소免訴되었고, 마쓰오카 요스케松岡洋右, 나가노 오사미永野修身는 사망하여 판결 대상은 25명으로 줄었다.

도죠 히데키 전 수상 등 7명이 교수형이었다. 교수형 판결을 받은 7명의 형은 1948년 12월 23일 스가모 교도소에서 집행되었다. 현재 스가모 교도소 자리에는 이케부크로 선샤인 빌딩池袋サンシャインビル 이 있다. 철거된 공간에 세워진 비석에는 '영원한 평화를 기리며'라고 새겨졌을 뿐 이에 대한 아무런 설명도 없다.

---

11 1941년 7월부터 1945년 8월까지 재임.

5. 심판받은 포로학대 _ BC급 전범재판

도쿄재판이 진행되는 동시에 요코하마에서 미국 제8군이 '통상적인 전쟁범죄'를 심판하는 군사법정을 열었다. BC급 재판 용의자로 체포된 사람은 25,000명 이상 있었다고 하지만 정확한 수는 알 수 없다. 이때 기소된 이는 총 5,700명이고 사형판결을 받은 자는 984명이다. 그 가운데 920명의 사형이 확정되어 추후 형이 집행되었다. 이들 중 23명이 조선인 군인, 군속이다. 무기 · 유기형 3,419명 중에도 조선인 125명이 포함되어 있었다.[12]

요코하마 법정은 일본으로 연행된 연합국 포로 학대를 집중적으로 다루었다. 1945년 12월 18일 개정된 미 제8군 요코하마 군사법정은 27일에는 츠치야 타쓰오土屋辰雄 육군 위생오장도쿄 포로수용소 미쓰시마 분소에게 종신형의 판결을 내렸다. 이듬해 1월 7일 전 육군중위 유리 게이由利敬[13]에게는 사형판결이 내려졌고 형은 4월 26일 스가모 교도소에서 집행되었다. 사형집행 현장에 있던 하나야마 신쇼花山信勝 교회시教誨師는 유리로부터 '어머니께 내 뼈만이라도 태양을 보게 해 달라고 부탁해주십시오'라는 유언을 듣고 종전연락 사무국에 연락을 취했다. 그러나 사무국에서는 사형이 집행된 사실조차 몰랐다. 일본 측에 통지하지 않았던 것이다.

하나야마가 제8군 아이켈버거Eichelberger 사령부에게 편지를 보냈지만

---

12 法務大臣官房司法法制調查部, 『戦争犯罪裁判概史要』, 1973. 이 숫자는 중화인민공화국의 재판, 소련 하바로프스크 재판을 포함하지 않는다.

13 후쿠오카 포로수용소 오무타(大牟田) 분소장.

육군성 명령에 따라 전범의 시신을 넘길 수 없다며 시신이 어떻게 처리되고 어디에 매장되었는지 알려줄 수 없다는 답변이 돌아왔다.[14] 사형 판결은 잇따라 내려졌다. 스가모 교도소에서 사망한 자는 100명, 그 가운데 교수형이 60명, 병으로 사망한 자가 37명, 자살이 3명이었다.

동남아시아 각지에서도 군사법정이 열렸고 포로학대를 중심으로 '통상적 전쟁범죄'가 엄격하게 추궁되었다. 조선인 군속이 감시원으로 동원된 태면철도, 스마트라 횡단도로, 인도네시아 동부 비행장 건설현장에서도 포로들이 혹사당하여 죽었다. 이에 조선인도 '일본인'으로서 그 책임의 추궁 대상이 되었다.

BC급 재판 법정기록은 동시통역이 있었던 도쿄재판과 크게 달랐다. 도쿄재판에서는 재판국의 언어를 사용하고 통역이 있었으며 모니터로 통역 내용을 확인하였다. 또한 법정기록은 영어와 일본어로 읽을 수 있었다. BC급 재판이였던 요코하마 법정에는 통역이 있었지만, 다른 BC급 재판 해외 군사법정들 중에는 변호사도 통역도 충분치 않았던 곳도 많았다. 거기다 언어의 문제도 있었다. 영어, 네덜란드어, 불어, 중국어 등 일반적으로 재판은 재판국과 피고의 언어로 진행되었고 이에 따른 법정통역도 있었을 것이다. 그러나 조선인 피고의 경우 이들을 위한 조선어 통역은 없었다. 1970년대 후반부터 이와 같은 재판국 기록이 공개되었는데, 기결수는 아시아 각지에 있었던 형무소에 수감되었다. 하지만 이들은 1947년부터 순차적으로 일본으로 이송되어 스가모 교도소에 수감되

14 引揚援護庁復員局法務調査部,『法務月報』第17号, 1949.

었다는 것을 알 수 있었다.

6. 스가모 교도소Sugamo Prison

1945년 11월 1일 미국 제8군 제8065부대가 도쿄 구치소를 접수하고 스가모 교도소를 개소하였다. 교수형 집행이 계속 이어지는 가운데 유기형 기결수를 엄격하게 관리하고 있었다. A급이나 고령자를 제외한 기결수 73명1947년 2월 말은 작업에 동원되었다. 전범들은 속옷, 구두, 양말까지 형무소 당국이 지급한 작업복을 착용하였다. 옷의 양쪽 팔, 등, 엉덩이, 양쪽 무릎에는 문자 'P'가 적혀 있었다. 작업은 폐허가 된 자리를 지우는 일이었다. 무거운 망치로 돌을 깨고 토대를 부수는 작업인데 오랜 구속생활로 체력이 떨어진 전범들에게는 중노동이었다. 감시는 지극히 엄중하였고 10명당 감시병 1명이 붙어 작업 중 잠시라도 손을 놓으면 야단맞았다. "이럴 바에야 차라리 죽는 게 낫다"고 하는 수감자도 있었다. 1948년 6월 작업에는 수용자 675명 중 500명이 동원되어 동원된 비율은 75%에 달하였다. 이들은 외부 출장노무에도 동원되어 그 작업은 1948년 10월에서야 마무리되었다.[15]

15 『すがも新聞』 136号附録, 「鴨陵回顧の五星霜」 1951.1.27. 内海愛子, 「解題·総目次·年表」, 『すがも新聞』, 不二出版, 1985.8. 2013年DVD版刊行.

7. 남겨진 가족의 고통

스가모에서는 세끼 먹을 수 있어 전범들이 굶주리지는 않지만 남겨진 가족은 사회에서 차가운 시선을 받으면서 매일 초조하게 지내며 고통스러운 삶을 살았다. "전범, 전범이라고 얼마나 괴롭힘을 당했는지." 나이가 80을 넘었지만 지금도 트라우마로 고생하는 형제, 자매들. 그들은 부모가 왜 전쟁범죄인이 되었는지에 대하여 재판기록은커녕 '수기'조차 읽어보려 하지 않는다. 손녀는 이야기하는 일조차 피한다고 말했다. 형으로 죽은 이들의 가족도 억울한 감정과 원통함을 안고 살면서도 누구에게도 말하지 못한 채 이를 깨물며 외롭게 울면서 살아왔다.[16]

'전쟁범죄'란 무엇인가, 누가 무엇을 재판하였는가. 도쿄재판이나 BC급 재판이 진행될 때 패전 후 일본사회에서는 정신없이 전범을 추궁하는 논조가 고조되어 전범을 매도하는 목소리가 넘쳤다. 전범의 가족은 그 매도 속에서 살아왔다.[17] 어느 교사는 남편이 전범이 되었기 때문에 직업을 잃기도 하였다. '불량'해지는 아이가 있는 가족도 많았다. 생활에 문제가 없는 자는 162명에 지나지 않았다. 나머지는 수입이 끊겨 임시직으로 겨우 생활570명하거나 친척의 도움을 받아 사는588명 사람들도 있었다. 초등학교 학비를 내지 못한 가족도 있었다.[18]

빈곤의 원인은 노동력을 잃었기 때문만이 아니다. 총사령부는 1945

16 巣鴨遺書編纂会 編, 『世紀の遺書』 付録冊子, 1953.
17 山田風太郎, 『戦中派焼け跡日記』, 小学館, 2011.
18 前掲 『すがも新聞』 136号, 1951.1.27.

년 11월 24일 전범으로 지명 받은 자의 은급, 부조료扶助料[19] 등 급여 지불의 중단을 지시했다. 다음 해 4월 23일에는 용의자로서 체포, 구금, 억류되거나 향후 검거 수용될 사람의 재산에서 통화, 저금, 그 외 모든 동산, 부동산을 봉쇄하고 압류할 것을 지시하였다. 용의자로 체포된 시점에서 저금, 동산, 부동산도 모두 봉쇄되었다. 저금이 있어도 출금하지 못하였다. 당시 가족은 대부분 아버지나 남편 명의로 저금하였을 것으로 여겨지는데 그것이 봉쇄된 것이다.

도쿄 포로수용소 제5분소장 가토 뎃타로加藤哲太郎는 수용했던 미군 장교의 충고로 도주하였다. 경찰은 가족을 자주 출두시켜 어머니와 여동생 후지코不二子도 경찰서 여러 곳 다녀야 했고 경찰청까지 연행되기도 하였다. 후지코는 이와 같은 일본 경찰의 처사를 절대 용납할 수 없다고 화를 낸다.[20] 전범과 가족들에게 관官과 민民의 '전범 때리기' 체험이 트라우마로 남는 이들도 있었다.

8. 스가모 '자치'와 '자주활동'

『스가모신문』 발행

1946년 9월 스가모 교도소에 미군 상해법정의 기결수 45명이 송환

---

19 [옮긴이 주] 공무원이 사망할 경우 그 유족에게 지급되는 연금이나 생계를 유지하기 위해 지급되는 금전.

20 加藤哲太郎, 『私は貝になりたい あるBC級戦犯のさけび』, 春秋社, 1994.

되었다. 1947년 2월에는 필리핀에서 열린 미군재판을 받은 60명, 1949년 2월에는 중국재판을 받은 251명이 일본으로 송환되었다. 수용자가 늘어날 때 당국은 전범들의 '자치관리'를 위하여 건물의 층마다 리더를 배치하는 플로어 리더제도를 도입하였다. 사형수동5동을 제외한 1, 2, 4동 내 1층부터 3층, 3동 내 2, 3층, 6동 내 2층에서 각각 3명씩 위원이 선출되었다. 12월 19일 모든 건물에서 전동全棟위원회가 조직되어 당국 지도 아래 '자치'를 시작하였다. 경비하는 미군병사와 원활한 의사소통을 위하여, 최소한의 영어교육도 시작하였다. 강사는 전범들 속에서 선출하였다. 당국의 지시로 생겼던 플로어 리더제도, 전동위원회는 스가모 교도소 관리담당, 스가모위원회1952년 8월로 변경되어 '자주'적인 형무소 내 활동의 중심이 되었다. 『스가모신문』을 간행하고 '스가모학원'을 설립하면서 형무소 내에서는 여러 '자주활동'이 전개되었다.

1948년 6월 4일 이후에는 외부인과의 면담이 허락되었다. 노무담당 빈센트 중위가 신문발행을 제안하였고 용지 등 필요한 물품을 모두 지급하겠다고 하였다. 다만 자신이 책임을 지겠지만 '당국에 대한 나쁜 말'을 쓰지 않는 것을 지원의 조건으로 내세웠다. 각 층에서 선출된 15명이 모였으나 신문편집 경험이 있는 자는 2명밖에 없었다. 이들은 그리 내키지 않았지만 우선 신문을 발간하였다. 외교관이자 독일어에 능통한 마나베 료이치真鍋良一가 편집주간을 맡았고 총 4쪽 분량으로, 토요일에 발행할 것을 정하였다. 신문은 193호1952년 3월 29일까지 간행되었다.

창간호 내 사설 '발간에 즈음하여'에서는 "당국으로부터 지지명령 등을 정확하게 전달하는 것이 중요한 역할이며, 동시에 형무소에서 능동적으로 생활할 수 있는 여유를 주는 사명도 크다. 검열은 없다"고 썼다. 창간호에는 '당국고지' 그리고 소장 블룸대위의 메시지, "이 [신문의] 간행이 당국의 방침대로 여러 문제에 대한 이해와 진실을 촉진하기 위한 강력한 기관이 되기를 바란다"영문과 일본어 번역문가 게재되었다.

사전에 '검열이 없음'이란 말이 보여주듯 번역반이라고 불린 전범 집단이 기사를 영어로 번역하였으며 간행에 앞서 당국에 제출되었다. 주간主幹 마나베 씨에게는 전범재판에 관한 정보를 쓰지 않을 것과 영문판 *The Sugamo Weekly News*를 GHQ나 미국으로 보내어 국무성에 제출할 것을 명령하였다.[21] 최대의 관심사인 전쟁 재판에 대해서는 언급하지 못한다. 답답한 심정을 지닌 채 1,700명1950년 6월 25일 당시 전범들은 독서나 토론과 같은 창작활동에 몰두하였고 마작이나 스포츠도 활발했다. 초반 『스가모신문』에는 전후 일본사회에서 진행되는 민주화에 대한 논고가 사설, 권두 지면을 차지하였다. 시간이 흐르면서 '정의와 폭력', '질적 민주주의', '애국심', '우애를 원리로 하는 세계관 구상', '일본인이 가지는 사고의 결함', '현대와 원자력문제', '일본정부의 보수성', '일본혁명의 성격과 역사적 후진성' 등 사회의 큰 변화를 논하는 기사가 증가했다.

'정의와 폭력', '질적 민주주의', '애국심', '우애友愛를 원리로 하는 세계관 구상', '일본인이 가지는 사고의 결함', '현대와 원자력문제', '일본정부의 보수성', '일본혁명의 성격과 역사적 후진성' 등 사회의 큰 변화를 논하는 기사가 증가했다. '민법개정과 남녀관계'를 논하는 기사도 있었다.

---

21 真鍋良一, 「巣鴨獄中新聞編集主幹の手記」, 『中央公論』 1952年 5月号, 1985.8.27. 세타가야구(世田谷区) 요가(用賀)에 있는 마나베 씨 자댁에서 진행한 인터뷰.

투고자의 이름이 본명이 아니라 이니셜로 기재된 것도 『스가모신문』의 특징이었다. 신체는 외부로부터 격리되었으나, 내부 속에서 정보는 들어왔다. 이들에겐 스가모 교도소 속에서 사회 움직임에 예민한 촉각을 유지하며 학습하며 '석방'을 기다리는 나날이었다.

'스가모학원' 설립

스가모 재소자 수가 증가하면서 관리주임 빈센트 중위와 고커 중위 지도아래 1948년 5월 각 층에서 교육위원회가 설치되었다. 위원회는 찬송가, 성서, 단카短歌, 하이쿠, 바둑, 서예, 부기 등 강좌를 개설하며 운영하였다. 그 뒤 총사령부 민간정보부장 성인교육과장 모스 박사가 전범자의 교육을 감독, 지도하였다. 본격적인 교육체계를 갖추고 1949년 5월 1일 전범들이 스가모 교육위원회를 발족하여 '자주적'인 교육기관 '스가모학원'을 설립하였다. 주로 민주교육, 문화교육, 직업교육을 실시하는 학교제도, 직업교육, 어학력의 함양과 정조情操교육, 도야陶冶교육, 민주적인 인간의 완성 등 인격자질의 진전을 목적으로 하였다.[22] 과목은 축산, 과수, 수학, 내연內燃, 부기, 상법, 공민, 법률이고 1,353명이 참가하였다. 어학은 영어뿐만 아니라 독일어, 불어 수업이 있었고 '노인의학', 단카, 불교, 기독교 강좌도 있었다. '교사'는 재소자들이었다. 전범자 총 1,433명의 최종학력은 소학교 졸업자부터 육군대학교까지 다양했다. 여러 학력과 경력을 가진 자들이 수용된 스가모 교도소에서는 강사가 부족할 일이 없었다.

---

22 『すがも新聞』 48号, 1949.4.30; 同, 前掲第136号 付録.

그러나 전범자들에게 절실한 바램은 외부 강사로부터 배우는 것이었다.

총사령부에서는 모스 박사가 '일본 신교육에 대하여', 벨 박사가 '민주주의에 대하여', 스플렝그 씨가 '자유로운 신문에 대하여'라는 주제로 강의를 진행하였다. 일본인 측은 통계위원회 사무국장이자 후에 도쿄도 지사를 역임한 미노베 료키치美濃部亮吉가 '현재 일본의 경제상황에 대하여', 도쿄대학 교수 미야자와 도시요시宮沢俊義가 '일본국헌법에 대하여', 대사관 참사관 아사카이 고이치로朝海浩一郎가 '국제정세에 대하여'라는 주제로 강의를 실시하였다.

'스가모대학'이라고도 불리던 강좌는 1950년 9월 5일 개강하였고, 50주에 걸친 수업은 9월 1일까지 진행되었으며 수강자 수는 총 9만 4,166명을 넘었다.

제1종 강좌 농업, 과수원예, 수학, 내연기관, 부기, 상법, 공민, 법률

제2종 강좌 기초 영어 세미나, 초·중급 영어, 영문법, 상업영어, 라디오강좌, 불어, 중국어, 스페인어, 독어,
민법, 주산, 단카短歌, 속기, 상업경영,
통속의학通俗醫學, 노인과 관련한 의학 지식을 통속적으로 강의
미술繪畵, 기독교 가톨릭·프로테스탄트, 불교

수업은 야간, 토요일 오후 및 일요일 등 휴식시간에 실시할 것을 원칙으로 하였다. 수강자 수는 제1종 45,287명, 제2종 48,879명이었다. 전범들의 지식과 기술을 활용하는 활동도 전개되었다. 그들은 '스가모학원'

에서 배우고 『스가모신문』에 글을 투고하고, 그것도 모자랄 경우 동호회를 만들어 창작활동을 펼쳐나갔다. 종교활동도 활발하며 외부와 빈번한 교류도 진행되었다.

『향수郷愁』 –한국인 · 조선인 전범의 동인지

아시아 각국에서 구류된 한국인 · 조선인 전범자들도 스가모 교도소로 이송되었다.[23] 『스가모신문』 등에 투고한 자도 있었지만 그들의 마음속에는 일본인 전범과 다른 감정이 쌓여 있었다. 이러한 감정이 그들만의 동인지 『향수郷愁』 발행으로 이끌었다. '단기檀紀 4283년 3월 15일'에 '스가모구치소 동지 일동'이 창간호를 간행하였다. 총 25쪽으로 구성되는 등사 인쇄로 찍은 소잡지였다. 창간 연도인 단기 4283년은 1950년이며 그해 1월 23일 네덜란드 재판의 전범 690명이 요코하마에 도착하였다. 그 가운데 623명이 스가모에 수용되었는데 여기에는 박창호朴昌浩, 박윤상朴允商, 김완근金完根을 포함하는 조선인 전범 64명이 있었다. 3명은 석방되었기 때문에 61명이 수감되었다. 그 때로부터 바로 2개월 후 창간호를 발간하였다. 발간자의 이름도 정해져 있지 않아 '동지' 이름으로 간행하였다.

박창호 씨의 유족이 창간호와 1, 2, 3, 4, 7호, 특별호를 소지하고 있었다. 각 호의 간행연도는 다음과 같다.

---

23 한국인 · 조선인 전범에 대해서는 다음 책을 참조. 内海愛子, 『朝鮮人BC級戦犯の記録』, 勁草書房, 1982年(岩波現代文庫, 2015).

제1호 (단기 4283년 3월 15일 스가모 구치소 동지일동)

제2호 (단기 4283년 5월 1일 대한인향수회大韓人鄕愁會 이하 동일함)

제3호 (단기 4283년 6월 1일)

제4호 (단기 4284년 2월 15일 정월 2일 통합호)

제7호 (단기 4284년 8월 15일 6, 7, 8월호)

특별호 (단기 4284년) 5, 6호는 빠져 있음.

한국식 '단기'를 사용하고 2호부터는 대한인향수회 이름으로 간행하였다. 한국의 원호 '단기'를 사용한 창간호 권두에는 자바에서 결성된 항일독립 비밀결사 '고려독립청년당'의 노래 〈고려청년단가〉작사 이억관(李億觀), 작곡 김현재(金賢在)가 게재되었다. 전범과 항일독립 투사 모두 보로수용소 군속이며 '동료'였다.

'고려독립청년당'은 1944년 12월 29일 중부 자바에서 항일독립을 목적으로 결성되었는데 궐기 직전인 1945년 1월에 체포되어 7월 21일 제16군 군법회의에서 유죄판결을 받아 구류된 상태였다. 1945년 8월 15일 일본 패전 후에도 당원들은 자바 제16군 구치소에서 수감되었다. 그들을 '구출'하기 위해 자바에서 영화제작에 관여한 허영許泳, 창씨개명 이름 히나쓰 에이타로(日夏英太郎)[24]과 체포를 피할 수 있었던 당원이 중심이 되어 '재자바조선인민회Korean Association'를 결성하였다. 재점령하였던 영국의 동남아시아 지상연합군과 교섭하여 '독립투사' 신변을 인수하였다.[25]

---

24 해방 후에도 인도네시아에 잔류하였다. 인도네시아 이름, 닥터 후융(Dr. Huyung).

25 고려독립청년당에 대해서는 内海愛子 · 村井吉敬, 『赤道下の朝鮮人叛乱』, 勁草書房,

그들은 일본군이 철수하지 않은 방송국에서 '모든 조선인은 자카르타 조선인민회에 집결하라'고 호소하였고 조선어는 자바 하늘에 울렸다. 방송 원고는 남아 있지 않지만 조선어 호소에 감동한 군인군속뿐만 아니라 일본군'위안부', 간호사, 학도병 등 항만에서 사람들이 모여들었다. '동맹통신' 등 반半민간기관에서 일했던 민간단체 '사쿠라구미さくら組'도 있었다. 1,000명을 넘는 조선인 자치조직이 자카르타에서 생겨났다. "해방구"는 활기로 넘쳤다. 귀국을 기다리는 동안 그들은 다시 조선인으로서 살고자 조선어를 공부하며 조선사를 배웠다. 등사 인쇄로 기관지 『조선인민회보』가 발간되어 매주 사람들에게 발송되었다고 한다. 회보는 100호를 넘었다고도 하는데 구체적으로 언제 창간, 종간되었는지에 대해서는 알 수 없다.

하지만 네덜란드군 상륙 후 상황이 변했다. 근대 군사무기를 장비한 네덜란드군은 인도네시아 독립군과의 전투가 시작되었을 때 이들을 몰아내기 시작했다. 네덜란드가 점령한 자카르타네덜란드는 점령 후 다시 바타비아로 개칭함에서 전쟁 재판이 시작되었다. 1946년 5월 3일 인민회에서 활동한 모든 조선인 군속이 구로독Glodok 형무소에 수감되었다. 네덜란드는 포로수용소와 네덜란드 민간인을 억류하고 있었던 군 억류소를 조직적 테러단체로 보고 모든 근무자를 수감하였다. 스가모에 이송된 박창호 씨를 포함한 조선인 전범 64명도 이때 수감되어 유죄판결을 받았다.[26]

1980. 또한 당원이었던 안승갑(安承甲) 씨는 고려독립청년당사, 조선인민반둥지부 군속이름, 미지급 봉급 증명의 일람표 등 상세한 기록을 남겼다(安龍根 元忠清大学食品栄養学科教授 所蔵).

26 바타비아재판에 대해서는 内海愛子, 「加害と被害−民間人の抑留をめぐって」, 歴史学

바타비아Batavia 재판에서 사형 제2호가 된 박성근朴成根은 포로수용소 감시원이었는데, 그는 전환 배치되어 민간인 억류소에 있었다. 자바에는 네덜란드인 약 7만 명과 이들의 가족이 살고 있었다. 네덜란드는 일본에 선전포고한 상태였고 민간인도 '적국인'으로서 군 억류소로 갇혔다. 군 억류소 안은 굶주림이 지배하는 상황이었다. 아침은 빵 한 조각과 연하게 탄 홍차나 뜨거운 물, 저녁은 밥 한 그릇과 땅콩 2, 3개, 야채 찌꺼기 국, 가끔 소금으로 절인 생선이 나왔다. 한창 식욕이 왕성한 소년들은 배고픔이 몸속에 스며들어 마음속에 병을 앓았다고 한다. 그들은 속이 비어 있는 채 무더운 날씨 속에서 강제로 작업에 동원되었고 전후에는 악몽, 불면증, 우울증 등 수용소 증후군이나 극도의 영양실조로 인한 신체적 손상으로 고생하였다. 이러한 열악한 환경 속에 적리, 말라리아, 콜레라 등의 질병이 퍼져나갔고 수용자들은 영양실조로 약해진 몸에 병을 이기지 못하고 줄줄이 사망하게 되었다. 이렇게 생긴 시신을 매장하기 위해 구덩이를 파는 것은 소년들의 몫이었다. 농사를 위해 사용하던 삽은

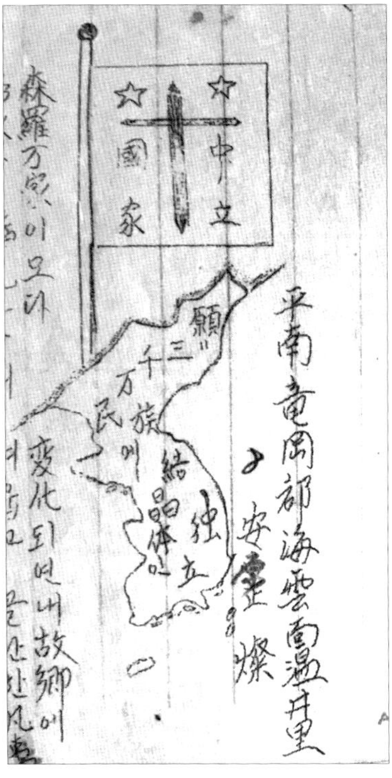

『향수』 창간호에 실린 한반도 지도 삽화

研究会 編, 『講座世界史8 戦争と民衆』 수록. 東京大学出版会, 1996.

묘를 파기 위해 사용되기도 하였다.[27]

일본이 패전한 후 수용자들의 분노는 관리를 맡았던 일본인과 조선인을 향하였다. 마치 수용자가 전멸하기를 기다리듯 수용소를 가혹하게 굶주리게 관리한 자들의 책임을 문제삼은 것이다. 1946년 8월부터 개정된 바타비아재판은 억류소 관계자의 심리審理로부터 시작하였다. 전범 제1호는 지댕Tjideng억류소 전 소장, 두 번째는 박성근, 세 번째는 억류소 군의관, 네 번째는 억류소 조선인 군속, 다섯 번째는 위안소를 경영한 민간인이었다. 바타비아재판에서는 47건, 56명이 기소되었다. 이들 중 21명은 조선인 군속이었다. 그 가운데 박성근은 1947년 1월 25일 자카르타에서 형이 집행되어 사망하였다. 일본의 군법회의에서 유기형을 받은 고려독립청년당 이상문李相汶 씨는 수용소 본소에서 근무하고 있었기 때문에 포로나 억류자와 접점이 없어 전범으로 소추訴追를 받지 않았다.

그러나 같은 군속들이 전범으로 사망, 유기형이 되었다. 전범들도 '동료'들이 항일독립운동의 비밀결사를 조직했던 것에 대한 자부심을 가지고 있었을 것이다. 근무 장소가 달라서 결사에 참여하지 못했던 전범들은 그 뜻을 담아 『향수』 창간호 서두에 고려독립청년당의 노래當歌를 개제했던 것이다. 스가모에서 종이와 펜, 연필을 손에 쥐고 그들은 조국에 대한 애타게 그리운 마음을 수필, 시, 한시 등으로 엮어내었다. 창간호 글에는 '조선독립', '통일'의 염원이 반영되었다. 그리고 한반도 지도에 38도선을 그어 그 위에 가위를 그린 그림에는 '기원 통일정부'라고 쓰인 스

---

27 内海愛子, H.L.B. マヒュー&M. ファン. ヌフェレン, 『ジャワ・オランダ人少年キャンプ』, 梨の木舎, 1997.

티커를 입에 물고 있는 새가 그려져 있다. 또한 한반도 지도에 '원願 3천만 민족에 결정체인 독립'이라는 문자를 새겨 '중립국가' 깃발을 세운 삽화도 있다.

제1호에는 박창호 씨가 지은 '삼갱三更'이 실렸다.[28]

◯ 간간히 들여오는 우렁찬 汽笛소리
　故鄕 그려우는 이 몸 더욱 설케 하는구나
◯ 더벅버벅 들려오는 監視兵軍靴 소리
　간신히 들은 잠을 또다시 깨워주네
◯ 캄캄한 이 監房을 싸고도는 찬바람은
　떨리는 이 가슴을 더욱 떨게 하는구나

'찌삐낭知悲難, Cipinang' 형무소 옥중에 있었던 이준지李俊之는 다음과 같은 시를 읊었다.[29]

'蘭印軍事法廷에서 判決을 밧고'
日軍에 채죽 밑헤　　三十七個月
赤道를 넘어서　　南十字星下
살아서 돌아갈가　　希望을 갓고
軍律에 服從한　　미련한 이 百姓은

28　[옮긴이 주] 필자가 소지하는 원본파일에 기입된 박창호의 시를 그대로 옮긴다.
29　[옮긴이 주] 필자가 소지하는 원본파일에 기입된 이준지의 시를 그대로 옮긴다.

太平洋戰 끝나니　　어굴한 戰犯 十五年

獄舍에 몸이 되어　　身勢을 한탄하나

事世은 事情없이　　이 몸을 괴롭히드라

1947년 10월 3일 밤

'대한인향수회'에는 싱가포르에서 구류되던 영국재판, 오스트리아재판의 조선인 전범 61명이 새롭게 들어왔다. 그들은 이름을 '한인회'로 바꾸고 일본정부를 상대로 출소 후 주택이나 생활보호를 요구하는 활동을 전개해나갔다.

'석방' _ 스가모위원회 · 스가모운영위원회 결성

1952년 4월 28일 샌프란시스코평화조약이 발효된 후 스가모 교도소 관리는 일본으로 옮겨졌고 명칭도 스가모 형무소巣鴨刑務所로 변경되었다. 샌프란시스코조약 제11조에서 일본이 전범에 대한 형 집행, 석방을 권고할 것이 규정되었다. 집행의 기본법 '평화조약 제11조에 의한 형 집행 및 사면 등에 관한 법률안'은 1952년 3월 25일 제13국회에 제출되어 4월 25일 성립되었다. 이는 '법 103호'로 불리는 형 집행에 관한 법률이다. 이 법안의 축조逐條해석 가운데 전범재판은 본질적으로 국내재판과 다르며 "전범재판 형은 국내법상 형이 아님"필자 강조이 명기되어 있다(1952년 법률 103호, 1952년 4월 28일 공포 · 시행). 이에 5월 1일 기무라木村 법무총재는 전범의 신병은 구류되어 있으나 그 외 국내법에 의한 권리가 박탈되는 자가 아님이라는 통달을 정부 부서에 제출하였다. 전범은 '국내법에서는 범죄인이 아닌' 취급을 한다는 것이었다.

그리고 '스가모 형무소 조직규정'1952년 법무부령 제44호도 정해져 927명이 스가모 형무소에 이관되었다.

> 대신大臣급 6명, 장관將官 51명, 좌관佐官 104명, 위관尉官급 291명, 하사관 240명, 병사 41명, 민간급 그 외 274명, 계 1,007명
>
> 『第13回国会衆議院法務委員会議事録』 第31号.
>
> 이관자 인원수 927명과 차등하는 것은 가석방된 인원수 때문이다

스가모에서 '자주활동'을 해오던 전범들은 이관에 앞서 당국과 처우나 이관 후 처리 등을 교섭하기 위하여 '스가모위원회'를 결성하였다. 위원회에는 법무 · 일반 · 노무 · 교육 · 의료 · 급여 · 문예 · 체육 등 각 소위원회를 두었다. 이는 정부나 국회에 진정하고 석방운동을 강화하기 위한 '자주활동'이라고 할 수 있다. A급과 BC급 전범을 구분할 수 없는 사회를 향해 재판실태를 알리고 석방 여론을 환기하기 위한 활동이 주를 이루었다. 그러기 위하여 이관 전에 '스가모 법무위원회'를 결성1952년 3월 1일하고 재판의 '실상'을 정리하는 작업을 진행하고 있었다.

9. 거부된 일괄 석방

'강화조약이 체결되면 석방된다.' 전범들은 강화조약에 희망을 걸었다. 샌프란시스코 조약은 발표되었지만 전범은 일괄적으로 석방되지 않았다. 전쟁 재판 판결을 수락한 일본정부는 일본국에서 구금된 '일본국민'의 형 집행을 이어받게 되었다. 일본으로 넘겨진 전범은 927명이었다 조선인 29명, 대만인 1명을 포함. 계급별 수용인원을 보면 전체 1,007명 중 대신급 6명, 장관급 51명, 좌관佐官급 104명, 위관급 291명, 하사관 240명, 병사 41명, 민간급 및 그 외 274명이다『第十三回国会衆議院法務委員会議事録』第31号. 재판국은 어디까지나 개별적, 사법적으로 개인을 조사 · 심사하고 가출소, 사면 방식을 취한다고 했다. 교섭에 관여한 츠치다 유타카土田豊 중앙갱생보호 심사회 위원장에 의하면 네덜란드 아시아지국에서 BC급 전범들은 '각자가 행한 반인도적 행위에 의해 처벌되었'으며 '군사재판 판결서가 정확하며 최종적인 것'으로 여긴다고 말하였다.

연합군은 전범 구류를 각 국의 국민감정에 따라 당연한 조치로 생각하고 있었다. 퇴역군인 중 특히 옛 포로는 여전히 생생한 학대 과거를 기억하고 트라우마에 시달리고 있었다. 네덜란드에서는 인도네시아에서 억류된 여성, 아이, 노인 등 민간인이 억류소에서 겪은 학대 후유증으로 고생하고 그로 인해 강력한 반일감정을 품고 있었다. 전범을 일괄적으로 석방하는 것은 이러한 국내 여론과 옛 포로, 억류자를 자극할지 모르는 상황 때문이었다「講和条約発効後における本邦人戦犯取扱関係雑件 各国の態度並びに措置関係 オランダの部」第二巻, 外交史料館.

10. '기억'을 이야기하다 _『전범재판 실상戦犯裁判の實相』 간행

독립에 석방의 희망을 걸었던 전범들이 움직였다. 전쟁 재판이 무엇을 심판하였는지에 대한 재판기록은 남아 있지 않지만 '기억'은 선명하다. 다루모토 시게하루樽本重治처럼 창이Changi 독방에서 상세한 취조 내용과 재판 기록을 썼던 자도 있다.[30] 재판에 대하여 잘 이해하지 못했던 자도 취조당할 때 있었던 학대나 고문, 법정에서 있었던 신문의 상황을 선명하게 기억하고 있었다. A급과 B급 전범을 구별하지 못하는 스가모 '밖'을 향해 오랫동안 드러내지 못하고 마음속에만 있었던 원한을 이야기하기 시작하였다. 그들은 재판 실태를 알리고 여론을 환기시켜 석방을 이끌어내기 위한 '스가모 법무위원회'를 결성1953년 3월 1일하고 재판 '실상'을 정리하는 작업에 착수하였다.

2개월 동안에 852쪽 분량의 『전범재판 실상』을 편찬하고 5월 12일 등사인쇄로 찍어서 간행하였다. 전범들이 철필로 등사판에 하나씩 글자를 새겼다. 짧은 기한 내에 편집되었기 때문에 편집후기에서 모든 사건을 취급할 수 없었다. 각 담당자가 문제점의 전체 그림을 그리기 위하여 '적당하게 자료를 취사선택하여 개괄적으로 모아서 정리하기로 하였다'고 기입되어 있다. 특정 정보의 공개를 피하기 위해 쓰이는 공백伏せ字이나 먹으로 칠했던 부분墨塗り도 없으며 개인 이름이나 형기는 명기되어 있다. 취조단계에서부터 재판 때까지 어떻게 취급되어 어떠한 학대나 고문

---

30 樽本重治,『ある戦犯の記録 泰緬鉄道建設と戦犯裁判』, 現代史料出版, 1999.

이 있었는지에 대하여 상세하게 기록되어 있다. '피해'기록은 선명했다. 전범 당사자의 이야기에는 공식기록과 다른 재판이 묘사되었다. 과장된 표현으로 여겨지는 부분에는 '분노'가 드러나 있다. BC급 전범재판 자료가 공개되지 않는 상황에서 당사자의 기억을 통해 그려낸 『전범재판 실상』이 BC급 재판 이미지를 형성해나갔다.

그들이 말하는 재판에는 기록과 다른 재판과 법정이 묘사된다. 그 당시는 아직 BC급 전범재판 자료가 공개되지 않고 있을 때였다. 당사자 증언을 통해 그려낸 『실상』이 BC급 재판의 실상을 알리고 그 이미지를 형성해나갔다. 그 후 형으로 사망한 사람들의 유서를 모은 『세기의 유서世紀の遺書』가 간행되었다. 여론은 무관심에서 과도한 '동정'으로 변했다. 이와 같은 여론의 '동정'은 7년간 자신의 '전쟁범죄'를 고민해 온 전범들 사이에서 괴리감을 발생시켰다.

11. 원호법援護法과 전범

전범들은 일본정부의 원호조치에 분노하였다. 샌프란시스코평화조약이 발표된지 이틀 후인 4월 30일 '전상병자전몰자유족등원호법'이 제정 공포되었으나 여기에는 형으로 사망한 자의 유족은 제외되었다. 어느 유족은 "이번 유족연금에서 제외되어 지금이야말로 우리는 사회에서 범죄자 취급을 받으며 울면서 살고 있다"고 썼다. 형으로 사망한 자, 옥사자의 유족에게 생활보호 외 지원은 없었다. 유족회에도 가입할 수 없었다고 한다. 전범들은 스가모 운영위원회를 조직하고 스가모에서 국회를 향해 호소하였다. 옥중 밖의 석방운동의 영향도 있어 다음 해 8월 7일 법률이 '일부개정'되어 이들은 전몰자 유족과 동일한 취급을 받게 되었다. 1953년 8월 1일 전 군인에 대한 은급이 부활했는데 여기에는 구류 중이던 전범은 제외되었다. 다음해 6월에는 구류중인 전범도 가족이 대리로 수리할 수 있게 되었다. 그래서 형으로 사망한 자, 옥중에서 사망한 자의 유족은 공적 부조 금액에 상당하는 액수를 수급 받기 시작하였다.

1954년 3월 31일 '미귀환자유수留守가족등원호법의 일부개정'에서는 형사, 옥사, 병사한 전범의 유족에게 장례비용을 지급하고 6월 30일에는 형사 혹은 옥사자의 유족에게 공무부조요금의 연간 금액에 해당하는 부조금액을 지급하기로 되면서 원호 지급 범위가 확대되었다. 1955년 9월 8일 '은급법의 일부개정'에서는 은급 기한이 부족한 전범인 경우 구금기간도 가산되어 전범으로 구금 중에 발생한 부상 및 상병은 재직 중 공무와 동일하게 취급하게 되었다. 이처럼 전범에 대한 원호가 확대, 강화되어 갔다.[32]

그러나 이 조치에는 1952년 일본국적을 상실한 것으로 간주된 조선인, 대만인 전범을 배제하였다. 이들은 일본인으로서 형을 받았으나 원호조치에서는 외국인으로 배제되었다. 사형을 언도받아 사망한 23명은 누구를 위한, 무엇을 위한 죽음이었는지 모른채 사라졌다. 그리고 이들의 유족에게는 아무런 원호조치도 없었다. 살아남은 자도 일본인 전범에

31 미야사카 덴지(宮坂伝治)와 그의 처, 『세기의 유서(世紀の遺書)』 부록에서.

32 厚生省援護局, 『引揚げと援護三十年の歩み』, ぎょうせい, 1978.

게 지급되는 여러 '원호조치'에서 배제되었다. 당사자의 억울함과 슬픔은 이후 일본정부를 상대로 하는 보상요구 운동을 이끌어냈다.

12. 야스쿠니 합사의 길

국내법상 범죄인이 아닌 전범의 '형사刑死'는 '공무사 · 법무사公務死·法務死'로 변해갔다. 1958년 5월 20일 후생성厚生省 원호국이 제시한 야스쿠니신사 합사合祀 검토사항에는 '법무관계사망자' 항목이 있다. 전범의 '유족에게는 공무와 같은 액수의 유족연금 및 부조요금이 지급된다', '군인군속 외 사람들과 관련해서도 법무관계 사망자에게는 공무와 같은 액수의 유족연금이 지급된다'는 점이 합사검토 근거가 되었다. 1959년 1월 26일에도 '군인군속 등 법무관계자 사망자' 927명이 취급되었다. '공무와 동일한 액수의 유족연금' 지급이라는 행정적 인정이 있었기 때문에 형으로 사망하더라도 전쟁사망이라는 공적 인정을 받았다고 해석되었던 것이다.

그 결과 1959년 3월 10일 후생성 귀국引揚원호국 복원復員과장 명의로 '1959년 봄 합사예정자 명부일본국과 평화조약 제 11조 관계 제1차분' 364장이 야스쿠니신사 조사부장에게 송부되었다. 제1차 합사는 판결 확정 후 구금 중에 사망한 자가 대상이 되었다. 1966년 2월에는 원호국 조사과장이 A급 사망자 12명을 포함하는 205명의 '제신명표祭神名票'를 야스쿠니신사로 보냈다. 10월 18일 남은 114명이 합사되어 합사자는 939명을 넘었다. 전범들의 명예가 회복된 것이다.[33]

그리고 조선인, 대만인 전범은 '경제원조의 행정협정' 대상으로 부터 제외되었지만, 원호조치 등의 지원은 하지 않았지만 합사는 하였다. 2006년 형으로 사망한 강태협의 아들 강도원은 합사 취소를 요구하였으나, 야스쿠니 측은 이에 대해 아무런 대응을 보이지 않고 있다.[33]

13. '용기를 가지지 않았던 죄'

스가모 교도소의 관할이 일본정부로 이관된 후로부터 스가모 형무소라는 이름으로 변경되었다. 교도관도 일본인 형무관으로 바뀌고 위문단이 지속적으로 방문하였다. 1956년 3월 31일 마지막 A급 전범이 석방되어 BC급 전범 383명이 남았다.

가토 뎃타로加藤哲太郎에게 과거 스가모에서 지내던 시간은 과거와 미래를 생각하는 계기가 되었다고 한다. 밖의 세상에서 전개된 석방운동을 비판한 잡지 『세카이世界』1952년 10월호에 투고한 것도 그렇다. '우리는 재군비를 위한 교환표가 아니다'는 글을 썼다. 당시 '밖'에서 추진된 석방운동이나 국회의원의 움직임이 '전범자신의 이익과 일치하지 않으며 우리는 교묘하게 이용당하고 있음'을 느낀다고 비판하였다. 그리고 '죽음의 상인들이 벌이던 운동 덕분에 석방되는 일'을 바라지 않는다고 단언하였다. 네덜란드재판의 이이다 스스무飯田進도 전범문제가 단숨에 언론의 주

33 国立国会図書館調査及び立法考査室, 『新編 靖国神社問題資料集』, 2007.

목을 받았던 사실을 '석방운동이 재군비와 연결되는 것을 병적일 정도 혐오하고 경계한다'고 지인에게 보냈다.[34]

가토, 이이다와 같은 사람들은 제국주의 전쟁, 식민지 지배에 대한 명확한 입장을 제시하였다. '스가모에서의 반성'을 썼던 전범은 '전쟁 재판은 모든 외국권력의 간섭을 배제하고 일본국민의 손으로 일본국민의 이름으로 다시 엄정하고 공평하게 진행되어야 한다'고 호소한다. 이는 오늘날 일본의 식민지 군국화를 막고 전쟁방지와 평화를 위해, 나아가 국민의 행복을 위해 중요하다고 생각하기 때문이다. 전범들 사이에는 국민이 재판할 것을 바라는 뿌리 깊은 요구가 있었다. 스스로 면죄해 왔던 일본인 개인에게 전쟁책임을 생각하는 계기가 되며 '진정한 전범' 추구에 필요하기 때문이다. 그러나 미군 B29기를 추격하고 비행기를 타고 있던 미군을 포로로 처형한 서부군사건에서 사형선거를 받았던 도지 겐타로冬至堅太郎는 "명령이었다고 하지만 나는 현재 유죄를 긍정적으로 보고 있습니다"고 하였다. 그러나 "그것은 전쟁범죄가 아니니다. 그 때 용기를 가질 수 없었던 죄입니다. 그 죄를 갚기 위해 나는 평화운동에 목숨을 걸고 철저하게 진정한 전쟁범죄인을 추궁해야만 한다고 생각합니다".[35] 이를 읽은 아베 고보安部公房는 "역사가 한 인간 속을 통과하는, 그 필연성의 위대한 모습이었다"고 충격을 받았다.[36]

재군비에 반대하고 지속적으로 절대적인 평화를 주장하는 전범들도

---

34 飯田進, 『スガモプリズンからの手紙』 倒語社, 1990.

35 理論編集部編, 『壁あつき部屋 巣鴨BC戦犯の人生記』理論社, 1953.

36 安部公房, 「裏切られた戦争犯罪人」, 『改造』 1953年4月号.

있었다. 그들은 스가모에서 침략전쟁에 동원된 병사들이 '수천만, 수억의 아시아 민중을 살육하고 황폐시켰'던 것, 전쟁책임의 대상이 아시아 사람들인 점을 많은 글과 수기를 통해 호소하였다. 또한 천황 히로히토나 재벌, 전쟁을 지도한 장교들이 전후에도 온존되어 있는 상황에서 '진정한 전범'을 심판하기 위해서는 국민의 손으로 전쟁 재판을 해야 할 필요도 호소하였다. 전쟁에 참가하고 전쟁범죄자가 되었던 개인이 그 '범죄'를 체험으로서 이야기할 때 침략전쟁이 지니는 범죄성이 밝혀질 것이며 평화운동으로 나아갈 힘이 된다고 믿었기 때문이다. 하지만 석방 후에는 각자 삶에 쫓겨 살면서 조직적인 활동이 어려워졌다. 그러나 전쟁 재판과 스가모 형무소에 대한 기억은 사라지지 않았다. 평화에 대한 의지를 신문에 투고하고 수기를 집필하며 책으로 간행하는 사람들도 많았다.

오늘날 BC급 전범의 재판기록은 공개되고 있다. 일본에서는 일부 먹으로 지워버린 부분도 있으나 생생한 재판 '기록'은 '전쟁범죄'를 이야기한다. 심판받은 자의 '기억'과 다른 '범죄'가 이야기된다. '전쟁범죄란', '누가 심판 받았는가', '누가 책임을 졌는가', —전쟁을 모르는 세대가 재판기록과 당사자의 '기억', '기록'을 읽고 '무엇을 재판하였는가', '자신이라면 어떻게 했을 것인가' 등을 생각한다— 바로 이러한 실천이 목숨을 걸고 '기록'과 '기억'을 남긴 사람들의 '질문'에 답하는 일이 아닌가.

제국의 폭력 앞에 드러난 차이의 정치학*

김경옥

1. 들어가기

메이지유신 이후 근대 국가의 대열에 합류한 일본은 청일전쟁과 러일전쟁을 거치며 '일본'이라는 지리적 경계와 함께 '일본인'이라는 민족적 자각을 확립했다. 메이지 정부는 1871년 문부성을 설치하고 근대 국가에 어울리는 '국민'의 양성에 주력하기 위해 학제를 개정하고 1872년 소학교 과정을 의무교육으로 정했다. 동시에 메이지유신과 함께 새롭게 확립된 천황제 국가를 공고히 하기 위해 1898년 제정된 민법을 통해 이에제도家制度를 확립했다. 이에제도는 본래 에도시대의 무가제도를 수정한 것으로 메이지 정부는 메이지민법을 통해 일본의 전국민에게 이에제도를 강제화했고, 가장에게는 특권적 지위와 권한을 부여했다. 일본에서

* 이 글은 '유관순열사 서거 100주기 공동학술대회' 백석대(2020.10.12)에서 발표한 「가네코 후미코와 조선」을 수정, 가필한 것이다.

는 메이지유신 전까지 혼인과 가족, 상속이 지역이나 신분에 따라 다양하게 이루어졌으나, 메이지유신 이후부터 이러한 다양성은 근대 국민국가의 성립과 함께 균질화되었다.

이 글에서 주목하고자 하는 가네코 후미코는 어린 시절 7년간 조선에서의 이주 경험을 가진 일본인 여성이다. 그녀는 1903년에 태어나 1926년 23세의 젊은 나이에 일본의 감옥에서 생을 마감했다. 그녀의 죄명은 천황 폭살을 기도한 대역죄였다. 대역죄인으로 불린 가네코 후미코는 일본인이지만 식민지하에서 멸시와 차별의 비참한 상황에 놓인 조선인에게 공감하고 박열을 비롯한 재일조선인과 함께 항일운동으로 일본에 저항하며 천황제와 정면에서 대결했다.[1]

죽음을 불사하며 반천황제를 외친 그녀의 원동력은 어디에서 온 것일까. 이 글에서는 그것을 두 가지 이유에서 찾고자 한다. 하나는 제국의 경계였던 식민지 조선에서의 7년간에 걸친 경험이다. 조선에서의 7년은 민족적, 젠더적, 계급적 사상 형성의 토대가 되어 이후 그녀의 삶에 지대한 영향을 미쳤다. 내지 일본과 식민지 조선의 지리적 경계를 넘나드는 이주 경험과 조선인 박열과의 만남은 후미코의 정체성에 변화를 일으켰고 이러한 경험은 천황제 타도를 외치며 제국 일본에 대항할 수 있는 원동력이 되었다.

다른 하나는 그녀가 일본 가부장제의 희생양으로 무적자였다는 사실이다. 무적자였기에 입학통지서를 받지 못했고, 무적자였기에 학교에서

---

1 高柳俊男, 「書評 山田昭次『金子文子ー自己·天皇制国家·朝鮮人』」, 『史苑』 第57巻 第2号, 立教大学史学会, 1997.3.

도 투명인간 취급을 당했다. 조선으로의 이주로 인해 처음으로 무적자를 탈피하게 되었을 때, 그녀는 외할머니의 딸로, 즉 자신의 어머니와 자매가 되어 어머니와 같은 성으로 호적에 올려지게 되었다. 조선에서 돌아간 그녀를 기다리고 있었던 것은 그녀를 혼인시켜 이익을 얻고자 한 아버지였다. 후미코는 자신을 무적자로 만든 장본인이었던 아버지에게 실망하고 가부장제와 결별함으로써 메이지 정부가 인정한 가장의 특권에 저항했다.

가네코 후미코는 박열과 함께 항일운동가이자 아나키스트로서 주목받았고,[2] 최근에는 그녀의 표상을 통해 초국적 페미니즘 연대의 가능성을 시사하기도 했다.[3] 이 글은 이 외에도 문학[4]과 역사, 문화[5] 등 다양한 관점에서 진행된 연구 성과를 토대로 가네코 후미코라는 일본인 여성이 경험한 제국의 '경계'와 그곳에서 행해진 배제와 차별이라는 국가의 폭력, 그리고 이에 대해 반천황제를 외친 실천적 저항이라는 관점에서 살펴보고자 한다. 가네코 후미코는 옥중에서 박열의 아내로 호적을 신고하고 박열의 고향인 경상북도 문경에 묻혀 조선의 흙이 되었다. 2018년 국가보훈처는 제79회 순국선열의 날, 가네코 후미코에게 일본인으로서 두

2 김명섭, 「朴烈·金子文子의 反天皇制鬪爭과 아나키즘 認識」, 『한일민족문제연구』 4, 2003; 「朴烈의 일왕폭살계획 추진과 옥중 투쟁」, 『한국독립운동사연구』 48, 2014; 김진웅, 「가네코 후미코(金子文子)의 아나키즘 수용과 실천」, 『한국근현대사연구』 87, 2018.

3 김이진, 「대중영화 속 여성 표상과 초국적 페미니즘 연대의 전망—영화 〈박열〉에 나타난 가네코 후미코의 표상을 중심으로」, 『여성과 역사』 31, 2019.

4 노영희, 「세토우치 하루미(瀨戶內晴美)의 『餘白의 봄』론—가네코 후미코에 대한 평가를 중심으로」, 『비교문학』 24, 1999.

5 백현미, 「박열·가네코 후미코 사건과 퍼포먼스」, 『대중서사연구』 제25권 2호, 2019.

번째[6]로, 일본인 여성으로서는 처음으로 건국훈장을 수여했다. 이 글은 가네코 후미코의 옥중 자서전『何が私をこうさせたか 무엇이 나를 이렇게 만들었던가』,[7] 도쿄에서 행해진 심문조서 및 재판기록 등을 중심으로 살펴본다.

2. 제국의 경계에서

1) 일본 가부장제, 그 차별과 배제의 원리

가네코 후미코는 1903년 가나가와현神奈川県 요코하마横浜에서 장녀로 태어났다. 아버지 사에키 분이치佐伯文一는 히로시마현広島県 출신으로 텅스텐 광석을 찾아내기 위해 야마나시현山梨県을 찾았고, 그곳에서 농가의 딸이었던 가네코 후미코의 어머니 가네코 기쿠노와 관계를 맺게 된다. 후미코의 유아기, 아버지 사에키는 요코하마시 슈경찰서의 형사였다.[8] 사에키는 후미코를 목말을 태워서 목욕탕에 가기도 하고, 후미코가 아플 때는 머리맡에서 간호해주기도 했다. 후미코는 이 시기를 자신의 인생에서 가장 행복했던 시절로, "아버지가 나를 무척 사랑한다는 것을 알고 있었기 때문"에 "나의 천국"이라고 표현한다.[9]

그러나 그 행복은 사에키의 방탕으로 무너지기 시작했다. 사에키가 가정을 돌보지 않았기 때문에 후미코는 어려서부터 어머니 이외의 여성

---

6 첫 번째는 변호사 후세 다쓰지(布施辰治)로 그는 조선의 독립운동가를 변호했다.
7 金子文子,『何が私をこうさせたか』, 筑摩書房, 1984.
8 위의 책, p.6.
9 岸野淳子,「金子文子と朝鮮」,『季刊三千里』31, 1982.8, p.191.

과 함께 있는 아버지를 자주 목격했다.[10] 사에키는 후미코의 어머니 기쿠노와 혼인하지 않았고, 자신의 호적에도 입적시키지 않았다. 그것은 "산골 농사꾼의 딸인 기쿠노가 영광스러운 사에키 가문의 아내 자격으로 호적에 들어와서는 안 된다고 생각"했고,[11] 무엇보다 "노동자의 생활과 습속을 몹시 경멸"하고 있었기 때문이었다.[12]

혼인관계가 성립되지 않은 상태에서 출생한 가네코 후미코는 아버지 사에키의 호적에 입적할 수 없었고, 결국 어디에도 적을 둘 수 없는 무적자無籍者가 되었다.[13] 무적자인 이상, 소학교의 입학 허가를 받을 수 없었기 때문에 후미코는 늘 학교에 다니는 또래의 아이들을 동경의 눈으로 바라보곤 했다.

무적인 채로 어머니 기쿠노가 교장에게 사정하여 소학교에서 교육을 받게 되지만, 후미코는 학교에서 투명인간과 같은 존재였다. 출석을 부를 때도 후미코의 이름은 불리지 않았고, 종업식 때에도 남들이 받는 빳빳한 종이의 졸업증서를 받지 못했다. 후미코는 무적자로서의 당시의 굴욕에 대해 "법률로부터 인정받지 못한 무적자라는 낙인은 대단히 부당하

10 「第2回被告人訊問調書」, 1924年 1月 17日, 東京地方裁判所, 鈴木裕子, 『金子文子 わたしはわたし自信を生きる』, 梨の木舎, 2013, pp.294~295.

11 야마다 쇼지, 정선태 역, 『가네코 후미코』, 산처럼, 2002, 27쪽.

12 위의 책, 23쪽.

13 일본의 가족제도는 1898년에 정해져 1947년에 전면 개정되었다. 가네코 후미코를 무적자로 만든 일본의 가족제도는 호주의 통솔로 이루어진 이에(家) 중심의 가족제도로, 일가일적(一家一籍)을 이루고 있으며 이것을 호적이라 한다. 메이지 민법상의 일본의 가족제도에서 호주는 가족에 대한 거주 지정권과 가족의 입적과 거가(去家), 혼인, 양자(입양) 등의 권리가 있으며 가족을 부양할 의무가 있었다. 伊藤隆 · 百瀬孝, 『辞典 昭和戦前期の日本－制度と実体』, 吉川弘文館, 1990, pp.72~73.

며 또한 모욕적"이고, "그 모욕이라는 형벌의 화살은 당연히 부모에게로 되돌아가야" 한다. "아이에게는 무적자라는 사실에 추호의 책임도 없고 그 책임은 전적으로 부모에게 있다"고 피고인 심문에서 말한다.[14]

이러한 굴욕적 기억은 가부장제의 정점에 서 있는 천황제 국가질서에 대한 비판의 출발점이 되었다.[15] 근대 일본은 가부장제 국가의 정점에 있는 천황의 권위를 이용해서 모든 신민의 행복과 안위를 책임지는 형식을 취하고 있었다. 모든 '신민'이라는 범주 안에는 '무적자'처럼 포섭될 수 없는 배제의 원리가 숨어 있었고 바로 그 당사자가 후미코였다.[16] 후미코는 일본에서 태어난 일본인이었지만, 아버지의 호적에 적자로 이름을 올릴 수 없었기 때문에 '무적자'로 인식되어 어려서부터 배제와 차별하에 있었다. 그 후 아버지 사에키는 집을 나가 후미코의 이모와 살림을 차리고 기쿠노와 후미코를 버렸다. 어머니 기쿠노는 늘 남자에게 의지하며 삶을 전전하였고, 급기야 어린 후미코를 창기나 예기로 팔려고까지 했지만, 멀리 떨어진 미시마三島로 보낸다는 말에 단념한다.[17]

1912년 가네코 후미코가 9세가 되었을 무렵, 친할머니와 고모 부부가 사는 조선의 충청북도 청주군 부강면현, 세종특별자치시 부강면의 이와시타岩下 집안에 양녀로 가게 된다. 아버지 사에키의 어머니, 즉 후미코의 친할머

14 「第3回被告人訊問調書」, 1924.1.22, 東京地方裁判所, 鈴木裕子, 『金子文子 わたしはわたし自信を生きる』, 梨の木舎, 2013, p.301.

15 야마다 쇼지, 앞의 책, 34쪽.

16 박현주, 「나는 나, 가네코 후미코」, 『우리교육』, 2019, 95쪽.

17 「第2回被告人訊問調書」, 1924年 1月 17日, 東京地方裁判所, 鈴木裕子, 『金子文子 わたしはわたし自信を生きる』, 梨の木舎, 2013, p.296.

니는 야마나시현까지 와서 후미코를 여학교에 보내주겠다며 자식이 없는 후미코의 고모 부부를 위해 양녀로 조선으로 데려가고자 했다. 그러나 아버지 사에키처럼 권위주의적인 친할머니는 무적자이자 사생아는 받아들일 수 없다며 후미코를 후미코의 외할머니의 5번째 딸로서 입적시키게 했다.[18] 이렇게 해서 후미코는 아버지 '사에키'의 성이 아닌 어머니와 같은 '가네코'로 불리며 비로소 무적자를 벗어날 수 있었다. 그러나 이때부터 후미코는 법률상으로 어머니 기쿠노와 자매가 되어 부모 자식의 관계가 끊어지게 되고, 실제로도 일본을 떠나 조선에서 7년간을 보내게 된다.[19]

가네코 후미코가 조선에 머문 시기1912~1919는 무단통치가 이루어진 시기로 '조선교육령' 등을 통해 '충량한 일본제국신민'을 양성하는 동화정책이 시작된 시기이다. 일본은 병합 전부터 동양척식주식회사를 설립하고 '토지조사령'을 통해 소유지 신고를 의무화하여 조선의 토지를 수탈했다. 이로 인해 많은 농민이 토지를 잃고 몰락하여 수많은 유민流民이 생기게 되었다. 일본인은 막강한 자본과 권력으로 조선의 토지를 손에 넣었고, 가난한 조선인에게 돈을 빌려주고 그 저당으로 조선인의 토지를 빼앗았다.[20]

후미코를 부강으로 데려온 고모부 이와시타 게사부로岩下敬三郎도 원래 철도 보선 주임으로 강제병합 전에 조선에 왔다. 『부강연혁지』에 따르

18 위의 글, p.297.

19 「第2回被告人訊問調書」, 1924.1.22, 東京地方裁判所, 鈴木裕子, 『金子文子 わたしはわたし自信を生きる』, 梨の木舎, 2013, p.297.

20 岸野淳子, 「金子文子と朝鮮」, 『季刊三千里』 31, 1982.8, p.190.

면, 일본인들이 조선을 강제병합하기 이전에 부강에 온 것은 부강이라는 지역과 관계가 있었다. 부강은 금강을 이용한 배편이 있어 교통이 용이한 지역이었고, 1일과 5일에 열리는 5일장이 유명하여 사람들이 꽤 모이는 지역이었다. 게다가 일본이 경부선 철도부설권을 손에 넣어 1903년에는 공사 인부들을 위한 숙소가 부강시장에 세워졌고, 1904년 7월에는 경부선 부강역이 개통되었다.[21] 후미코가 조선에 머무를 때 부강에 사는 일본인 부락은 "여관, 잡화점, 문방구점, 의사, 우편소, 이발소, 모종가게, 과자가게, 신발가게, 목수, 소학교 교사가 각 1호, 헌병 5호, 농업 3호, 매음집 2호, 역장 및 역원 4호, 철도노동자 3~4호. 조선인 상대 고리대금업자 6~7호, 해산물중개인 2호, 연초, 막과자가게 등 소매점 2~3호"가 있었다.[22]

이와시타 집안은 부강에서 '야마노테'라는 부유층이 사는 가장 높은 지역에 있었고 후미코는 당초 '이와시타 후미코', 즉 이와시타가의 양녀로 부강에 왔지만, 불과 1년도 안 되어 양녀에서 쫓겨나 식모 '가네코 후미코'로 전락한다.[23] 후미코의 친할머니는 "내가 구해 주지 않았다면 너는 지금껏 처지를 벗어나지 못했을 것이고 당연히 다른 사람과 같이 학교에 다닐 수도 없었을 것이다. 따라서 너는 우리의 자비로 학교에 다니고 있다는 것을 명심해야 한다. 그런데도 너는 그 신분을 망각하고 남들이 하는 것이면 뭐든 똑같이 하려 드는구나. 그렇게 네 멋대로 했다가는

21 岸野淳子, 「芙江を訪れて」, 『季刊三千里』 26, 1981.5, pp.15~16.

22 岸野淳子, 「金子文子と朝鮮」, 『季刊三千里』 31, 1982.8, p.191.

23 당시 9세였던 후미코는 부강심상소학교 4학년에 '이와시타 후미코'로 편입하였다. 그러나 5학년 통지부에는 '이와시타'가 아닌 '가네코 후미코'로 적혀 있다. Ibid., p.192.

다시는 학교 문 앞에도 못 가게 할 테니 그만 입 닥치거라, 너를 학교에 보낼 것인지 말 것인지는 모두 우리 권한이니까……"하고 후미코에게 말했다.[24] 할머니의 이 말은 후미코 자신이 무적자라는 사실을 처음으로 인지하게 했다. 후미코는 자신이 무적자라는 이유로 떳떳하게 학교에 다니지 못하고 사람들의 경멸과 심지어 육친인 할머니에게서조차도 무적자라는 것을 이유로 무시와 멸시 받았던 아픔을 자서전에 적고 있다.[25]

2) 심상의 고향, 조선

후미코가 조선에서 보낸 7년간, 후미코에게 조선은 자신과 같은 처지에 있는 사람들이 사는 곳이었고 그들과 함께 상처받은 자신을 치유하며, 새로운 자신을 발견할 수 있는 심상의 고향이었다. 몸이 허약한 고모부 대신에 이와시타 집안의 태산台山에 밤을 주우러 나가면, 후미코는 그곳에서 참 자유를 느낄 수 있었다. 부강의 자연 속에서 고통으로 억눌려 있던 후미코의 감정은 조선의 아름다운 자연을 바라보며 "살아 숨을 쉬고 있는 듯한 느낌"을 받으며 위안을 얻었다.[26]

실의에 가득 찬 후미코에게 따뜻한 말 한마디를 건넨 것도 조선인이었다. 후미코가 심상소학교 고등과 2학년을 마치고 식모살이를 하고 있을 무렵, 후미코 때문에 기분이 언짢아진 할머니가 후미코를 집에서 내쫓는 바람에 며칠간 공복인 적이 있었다. 그때 후미코는 길거리에서 조

24 야마다 쇼지, 앞의 책, 57쪽.
25 위의 책, 58쪽.
26 위의 책, 61쪽.

선인들이 사용하는 공동우물을 멍하니 바라보고 있었다. 후미코의 딱한 사정을 잘 알고 있던 조선인 아주머니는 후미코에게 "보리밥이라도 괜찮으면 좀 줄까요?" 하고 권해 주었다. 후미코는 할머니가 그토록 멸시하던 조선인과 대화를 나눈 사실을 할머니에게 들켜 또 혼날 것이 두려워 조선인의 호의를 받아들이지 못했지만, "조선에 있던 7년이라는 오랜 기간 이때만큼 인간의 사랑이라는 것에 감동한 적이 없었다"고 회상했다.[27]

이와시타가의 갖은 홀대를 겪으며 후미코는 결국 자살을 결심한다. 처음에는 부강역 선로에 뛰어들어 죽으려 했지만 이미 기차가 지나간 것을 알게 되어 이번에는 온몸에 돌을 칭칭 묶고 강물에 몸을 던지려고 했다. 그러나 강을 내려다본 순간, 갑자기 다리가 후들거렸고, 후미코의 눈앞에 펼쳐진 강변 맞은편의 부용봉이 눈에 들어왔다. 후미코는 자신의 절박한 상황과 달리 너무나 고요하고 평화로운 조선의 자연을 보며, "아, 얼마나 아름다운 자연인가, 세상에는 아직 사랑할 만한 것이 무수히 많구나. 아름다운 것이 무수히 많다. 내가 사는 세계도 할머니나 고모의 집에만 머무르지 않는다, 세계는 넓다. 그렇다, 나처럼 고통받으며 살아가고 있는 사람들과 함께 고통을 가하는 사람들에게 복수해야만 된다"며 마음을 다잡았다.[28] 후미코가 말한 "나처럼 고통받으며 살아가고 있는 사람들"이란 누구일까? 그것은 바로 일본인들에게 고통받는 '조선인'이었다.

후미코는 조선인이 일본인에게 어떻게 학대를 받고 있는지 알고 있었다. 후미코가 태산 정상에서 경부선 부강역 부근을 내려다볼 때, 역 주

---

27 岸野淳子, 「金子文子と朝鮮」, 『季刊三千里』 31, 1982.8, p.194.
28 Ibid., p.194.

변 헌병파견소에서 "카키색 제복을 입은 헌병이 조선인을 마당으로 끌어내어 옷을 벗기고는 맨살이 드러난 엉덩이를 채찍으로 후려치고 있"는 모습을 목격하곤 했다. "하나, 둘, 헌병의 새된 소리가 들려온다, 채찍을 맞고 있는 조선인의 울음 섞인 소리도 들려오는" 것 같다고 그 광경을 생생히 적고 있다.[29] 일본으로 귀국한 후에도 조선인이 받는 학대와 차별에 대해 회상할 때에는 눈물을 줄줄 흘리며 빠르고 격앙된 어조로 끝도 없이 얘기하곤 했다.[30] 그리고 조선인 농부가 얼마나 가난하게 살고 있는지, 동급생의 조선인이 학교에서 어떤 차별을 당했는지 말할 때에는 엉엉 울기도 했다.[31]

3·1운동에 대한 기억은 후미코에게 강한 인상을 남겼다. 후미코가 조선을 떠난 것은 3·1운동 직후인 1919년 봄이었다. 후미코는 3·1운동의 광경을 목격하고 "나조차도 권력에 대한 반역적 기운이 일기 시작했으며, 조선 쪽에서 펼치고 있는 독립운동을 생각할 때 남의 일이라고는 생각할 수 없을 정도의 감격이 가슴에 용솟음쳤다"고 피고인 심문에서 말했다.[32] 조선인이 일본인에게 느끼는 "반역적 정서만큼 제거하기 힘든 것도 없다"는 것을 알고 있던 후미코는 조선인의 입장을 자신이 천황제에 대해 느끼는 반역적 정서와 연대하여 깊이 공감하고 있었다.[33] 후미코

29 야마다 쇼지, 앞의 책, 62쪽.

30 위의 책, 65쪽.

31 위의 책, 65쪽.

32 「第4回被告人訊問調書」, 1924年 1月 23日, 東京地方裁判所, 鈴木裕子, 『金子文子 わたしはわたし自信を生きる』, 梨の木舍, 2013, p.306.

33 Ibid., p.306.

는 차별적 구조 속에서 고통받는 조선인의 아픔과 슬픔을 자신의 것으로 전유한 것이다.

이와시타 집안에서 받는 차별과 학대는 어린 가네코 후미코에게 자살을 결심할 정도의 절망적인 아픔으로 다가왔지만, 조선의 자연은 억눌린 고통 속에서 유일하게 숨을 쉴 수 있는 위안이 되었고, 죽음의 문턱에선 후미코에게 평안과 안식을 제공했다. 또한, 조선의 자연은 자신처럼 고통받고 있는 조선인들에게 고통을 가하는 이와시타 집안, 즉 일본에 대한 복수를 꿈꾸게 했다. 후미코의 조선 체험은 "고통받는 민중들이 살아가는 조선의 실상에 대해 깊은 동정과 이해"를 낳았고, 나중에 조선인과의 교우관계, 특히 박열과의 사상적 공감대를 형성할 수 있는 기초가 되었다.[34]

가네코 후미코가 천황제 체제 아래에서 일본인인데도 불구하고 배제의 논리 속에 무적자로서 차별받은 것처럼, 당시 조선인도 배제의 논리 속에 차별의 대상이었다. 일본은 '내선일체', '일시동인'을 강조했지만, 고마고메 다케시駒込武의 지적처럼, 조선인이 일본어를 상용어로 사용하며 일본인처럼 일본어를 능숙하게 한다고 해도 순수한 혈족 내셔널리즘 차원에서 조선인은 결코 일본인이 될 수 없었다. 일본은 내선일체를 명목으로 내세워 통합을 위한 시도로 조선인에게 일본어 사용을 강요하는 동화정책을 추진했지만, 혈족이라는 측면에서 조선인은 일본인에게 동화될 수 없는 타자였고 그것은 조선인에 대한 차별과 배제의 논

34 야마다 쇼지, 앞의 책, 70쪽.

리로 작용했다.[35] 즉 조선인을 향한 황국신민의 양성이라고 하지만 조선인은 결코 일본인이 될 수 없었고 내선일체는 '내선평등'을 의미하는 것은 아니었다.[36]

3. 저항적 전유의 실천

1) 가부장제와의 결별

1919년 3 · 1운동 이후 후미코의 나이 16세에 일본의 외할머니 집으로 돌아왔다. 아버지 사에키는 아버지라는 이유로 조선에서 돌아온 후미코를 돌연 후미코의 외삼촌이자 호적상 친오빠로 되어있는 모토에이元榮와 혼인시키고자 했다. 후미코는 1924년 1월 17일 피고인 심문조서에서 이와 관련하여 다음과 같이 진술한다.

> 아버지는 나를 버리고 젊은 이모와 도망쳤을 때, 나에 대한 부모로서의 의무와 권리를 완전히 방기한 것입니다. 이렇게 버려진 자식인 내가 타인의 빵으로 성장한 것을 본 순간, 아버지는 십 년 전에 버린 자식에 대한 소유권, 부모로서의 권리를 부활시켜 본인인 나에게 단 한마디의 양해도 없이 내 몸과 마음을 야심野心의 대상으로 생각했습니다. 그리고 모토에이가 있는 절의 재산을 염두에 두고 나와 모토에이와의 결혼을 모토에이에게 약속해 버린

35 駒込武, 『植民地帝国日本の文化統合』, 岩波書店, 1996, pp.359~360.
36 宮田節子, 『朝鮮民衆と「皇民化」政策』, 未来社, 1985, p.176.

> 것입니다. (…중략…) 다시 말하면, 아버지는 딸의 몸값을 모토에이에게 청구한 것입니다.[37]

모토에이는 승려로서 그가 소속된 절은 제법 경제적으로 넉넉했기 때문에 사에키는 그 절의 돈이 탐이 나서 자신의 딸, 후미코를 모토에이와 결혼시키려고 한 것이었다.[38] 후미코의 처녀성만을 탐했던 모토에이는 후미코가 말괄량이이고 여자답지 못해 절에서 생활하는 것이 맞지 않고, 다른 남자가 후미코한테 편지를 보낸다는 것을 구실삼아 파혼을 신청했고, 사에키는 그런 후미코를 욕을 퍼부으며 내쫓았다.[39] 후미코는 그 시절을 회상하며 "아, 얼마나 무서운 일인가, 아버지는 나를 노예로 외삼촌에게 판 것이다. 아버지는 이 얼마나 모독스런 일을 범했단 말인가. 아니, 아버지만이 아니다. 적어도 불문佛門에 있는 저 외삼촌까지 얼마나 더러운 짐승이란 말인가" 하고 그때를 생각하는 것만으로도 치를 떨었다.[40]

후미코는 1920년 4월, 17세에 홀로 도쿄로 상경한다. 후미코는 처음에는 시타야구 미노와초下谷区三ノ輪町에서 양복점을 운영하고 있던 친척집에 머물렀지만, 두 달 후 그곳을 나와 우에노에서 신문을 팔며 구세군 크리스천들과 사회주의자들과 만나게 된다. 이 무렵, 후미코는 일하면서 영

---

37 「第2回被告人訊問調書」, 1924年 1月 17日, 東京地方裁判所, 鈴木裕子, 『金子文子 わたしはわたし自信を生きる』, 梨の木舎, 2013, p.299.

38 Ibid., p.297.

39 Ibid., p.297.

40 金子文子, op. cit., p.112.

어와 수학, 한문 등의 과목을 공부하여 여의사가 되어 자립하고자 했다.[41]

후미코가 박열과의 동거를 아버지 사에키에게 알리자, 사에키는 "천한 조선인과 동거하는 것은 광휘로운 사에키 가문의 가계를 더럽히는 짓이다. 오늘 이후로는 부모라고 생각하지도 마라"는 내용의 편지를 보냈다.[42] 후미코는 천황-귀족-노동자-조선인이라는 차별적인 계급서열 안에서 격이 높은 자신의 가계를 과시하고자 하는 아버지 사에키를 통해 그 어디에도 속하지 못하는 버림받은 무적자인 자신과 같은 계급의 조선인을 보았다. 그녀는 말한다. "나와 같이 불쌍한 계급을 위해 나의 전 생명을 바쳐서라도 싸울 것"[43]이라고.

2) 저항적 사상의 발로

사회주의 사상의 영향을 받은 후미코를 사회주의자나 아나키스트로 평가하는 연구는 많다.[44] 그러나 그녀는 자신을 허무주의자로 칭한다. 후미코는 자신이 허무주의 사상을 갖게 된 것을 "자신의 가정환경과 그에 따른 사회로부터의 압박으로 인해 허무주의 사상을 품게 되었다"고 말한다.[45] 후미코의 가정환경, 즉 후미코와 부모와의 관계는 앞에서도 설명

41 Ibid., p.145.

42 「第2回被告人訊問調書」, 1924年 1月 17日, 東京地方裁判所, 鈴木裕子, 『金子文子 わたしはわたし自信を生きる』, 梨の木舎, 2013, p.298.

43 金子文子, op.cit., p.178.

44 김명섭, 「朴烈 · 金子文子의 反天皇制闘争과 아나키즘 認識」, 『한일민족문제연구』 4, 2003; 「朴烈의 일왕폭살계획 추진과 옥중 투쟁」, 『한국독립운동사연구』 48, 2014; 김진웅, 「가네코 후미코(金子文子)의 아나키즘 수용과 실천」, 『한국근현대사연구』 87, 2018.

45 「第2回被告人訊問調書」, 1924年 1月 17日, 東京地方裁判所, 鈴木裕子, 『金子文子 わ

했다. 그러나 그것이 어떻게 허무주의 사상과 연결되는지 1924년 1월 17일에 행해진 제2회 피고인심문조서를 통해 살펴보자.

> 강한 자는 자신의 행동의 자유를 옹호하면서, 약자에게 복종을 강요합니다. 이 관계를 약자에서 보자면 강자에 대한 굴종의 약속이 소위 도덕입니다. 이 도덕이 각 시대를 지배하고 각 사회를 구성하고 있습니다. 그래서 지배자는 항상 이 도덕을 보다 오랫동안 지키는 것이 첫 번째 조건입니다. 친자親子의 사랑도 강약의 관계에서 마찬가지이고, 효행이라는 미명 아래 미화되어 왔습니다. 당신들 관리는 내 부모에 대한, 강자에 대한, 지배자에 대한 내 생각이 괘씸하다고 말하겠죠. (…중략…) 나는 참 부모의 사랑을 모르니, 부모를 모르는 것이 됩니다. 부모를 모른다는 것은 내가 부모라고 생각하고 있는 사람이 실은 부모가 아닌 것이 되므로 나에게는 효행이나 봉사라는 감격이 생길 리가 없습니다. (…중략…) 내가 친족적 관계를 중심으로 해서 허무적 사상을 갖게 된 일단은 지금까지 말한 대로입니다.[46]

후미코는 자신의 경험을 바탕으로 부모와 자식 간의 관계를 강자와 약자의 관계로 보고 강자는 약자에게 도덕과 효행이라는 이름으로 굴종을 강요한다고 설명하고 있다. 아버지 사에키가 후미코에게 모토에이와 결혼을 시킨 것은 후미코에게 굴종을 강요하는 것이었고 저주와 같은 것이었다. 이러한 친족 간의 굴종적인 강요는 모든 것을 파괴하고 자신마

たしはわたし自信を生きる』, 梨の木舎, 2013, p.294.

46 Ibid., p.300.

저도 죽고자 하는 허무주의로 연결되고 있다. 후미코가 허무주의 사상을 품게 된 또 하나의 이유는 무적자라는 이유로 무시당해온 사회로부터의 모욕감이었다. 이와 관련하여 1924년 1월 22일에 있었던 제3회 피고인 심문조서에서 다음과 같이 진술했다.

> 나의 도쿄에서의 생활은 사회제도의 결함에 따른 모욕, 그 모든 것입니다. (…중략…) 내가 존재하는데도 무적이라는 이유로 현실에 있는 것을 인정하지 않는 것이 법률입니다. 법률이 확실히 존재하는 사람을 인정하지 않는다는 이유만으로 비참하게도 그 존재는 무시되어 온 것입니다. 인간이 만든 법률의 힘은 현실의 존재도 좌우하고 결정할 수 있을 만큼 권위가 있는 것이죠. (…중략…) 부모의 태만, 무성의로 학교 문은 닫히고, 세상으로부터는 무적자라고 조롱받습니다. 그 아픈 화살을 자녀가 맞아야만 하는 것이 바로 제도의 결함이겠죠.[47]

후미코는 인간이 만들어 놓은 법률이라는 사회제도에 의해 무적자라는 이유로 인정받지 못하고 무시당하며 살았던 자신의 경험을 토대로 법률의 허위와 함께 사회제도의 결함을 지적했다. 이렇게 결함 있는 사회제도로 인해 자신의 존재를 부정당한 후미코는 허무주의 사상을 품게 된 것이었다. 더불어 후미코는 자신의 허무주의에 관해 설명했다. 그것은 "법률 도덕은 물론 모든 권력에 반항하여 추악한 인류의 존재를 부정하

---

47 「第3回被告人訊問調書」, 1924.1.22, 東京地方裁判所, 鈴木裕子, 『金子文子 わたしはわたし自信を生きる』, 梨の木舎, 2013, pp.300~301.

는 것으로"[48] "부모의 사랑이라는 미명 아래 나를 짓밟은 부모의 권력, 박애의 이름 하에 숨어서 나를 학대한 국가사회의 권력"을 절멸하는 것이었다.[49]

그렇다면 후미코가 가리키는 국가사회의 권력이란 무엇일까. 후미코는 이것을 세 가지로 나눈다. 제1계급은 황족이고, 제2계급은 대신과 그 외 정치 실권자이고, 제3계급은 일반민중이다. 그중 제1계급인 황족은 정치의 실권자인 제2계급이 무지한 민중을 기만하기 위해 조종하는 불쌍한 괴뢰이고 꼭두각시 인형이다. 후미코는 이 두 계급 즉, 황족과 정치 실권자를 국가사회 권력의 핵심으로 생각한 것이었다.[50]

무적자로서 그 누구보다 차별을 받아온 후미코가 가장 중시한 것은 인간의 평등이었다. 후미코가 생각한 평등은 "거기에는 바보도 없고 잘난 이도 없다. 강자도 없고 약자도 없다. 지상의 자연적 존재인 인간으로서의 가치에서 보자면 모든 인간은 완전히 평등하고 따라서 모든 인간은 인간이라는 단 하나의 자격으로 인간으로서 생활할 권리를 완전히 동시에 평등하게 향수해야만" 하는 것이었다.[51]

---

48 「第3回訊問調書」, 1925.9.2, 市谷刑務所, 鈴木裕子, 『金子文子 わたしはわたし自信を生きる』, 梨の木舎, 2013, p.337.

49 「第3回被告人訊問調書」, 1924.1.22, 東京地方裁判所, 鈴木裕子, 『金子文子 わたしはわたし自信を生きる』, 梨の木舎, 2013, p.303.

50 Ibid., p.304.

51 「第12回被告人訊問調書」, 1924.5.14, 東京地方裁判所, 鈴木裕子, 『金子文子 わたしはわたし自信を生きる』, 梨の木舎, 2013, p.320.

3) 저항적 전유 _ 반천황제 투쟁

1923년 9월 1일 관동대지진 발생 이틀 후, 후미코는 박열과 함께 폭탄 사용 계획 등 무정부주의 활동에 대한 조사과정에서 불령사와 관련하여 '예방검속'이라는 명목으로 경찰에 연행되었다. 경찰은 '보호'에서 '치안경찰법' 위반으로 명목을 바꿔 조사를 계속했고 사용목적이 구체화되지 않았던 폭탄을 입수하려고 했던 것이 밝혀지자 후미코는 형법 73조 대역죄大逆罪로 박열과 함께 기소되었다. 그러나 박열과 후미코에 대한 재판은 관동대지진이 발생했을 때, 조선인 학살을 정당화하기 위한 정치재판의 성격이 강했다. 가네코 후미코는 1924년 5월 피고인 심문에서 천황과 천황제에 대해 다음과 같이 지적했다.

원래 국가나 사회나 민족, 혹은 군주라는 것은 하나의 개념에 불과하다. 그런데 이 개념뿐인 군주에 존엄과 권력과 신성을 부여하기 위해 비틀어놓은 대표적인 것이 오늘날 일본에서 현재 행해지고 있는 신수군권설이다. 적어도 일본 땅에 태어난 사람은 소학생마저 이 개념을 배우게 해서 천황을 신의 자손이라던가, 혹은 군권은 신의 명령으로 받은 것이라던가, 또는 천황은 신의 의지를 실현하기 위해 국권을 쥔 자라던가. 따라서 국법은 신의 의지라는 그런 관념을 우직한 민중에게 강조하기 위해 가공하고 날조한 전설에 근거해서 거울이라던가 칼이라던가 구슬이라던가를 신이 준 것이라고 하여 제사 지내고 그럴싸하게 예배를 드려 완전히 일반 민중을 기만하고 있다. 이런 황당무계한 전설에 현혹된 불쌍한 민중은 국가와 천황을 더없이 존귀한 신으로 여긴다. 그런데 만약 천황이 신이고, 신의 자손이라면 일본 민중이 신의 보호 아래, 역대의 신들인 천황의 영靈 아래 존재한다면 전쟁에서 일본의 병사는 한 사람도 죽지 않을 것이고, 일본의 비행기는 한 대도 떨어지지 않을 터이다.[52]

후미코는 천황제와 대결하며 그 모순을 예리하게 지적하고 있었다. 일본은 '일본제국의 신민', '황군'이라는 이름으로 내지 일본은 물론이고 식민지 조선까지 수많은 사람을 죽음으로 몰아넣었다. '만세일계'의 천황이라는 날조된 전설에 불과한 것을 역사적 진실인 것처럼, 일시적 전쟁의 승리를 '일본제국'의 영원한 '대동아공영권'의 확립인 것처럼 조선과 일본에서 강압적으로 충성을 요구했다. 조선인을 학대하고 착취한 식민지 지배와 대륙 침략을 통한 제국주의의 기반이 된 것은 바로 천황과 천황제였다.

1926년 3월 25일, 후미코는 박열과 함께 대심원 법정에 섰다. 마키노 재판장은 박열과 후미코에게 형법 제73조 및 폭발물단속벌칙 제3조 위반을 적용하여 사형을 선고했다.[53] 후미코는 박열과 함께 사형 언도를 받았을 때, 만세를 부르며 재판장을 나왔다. 죽음을 각오하고 죽음으로 맞선 후미코에게 사형은 전혀 두려움의 대상이 아니었다. 그러나 10일 후인 4월 5일 일본정부는 박열과 후미코 사건에 대한 조선인의 비판과 반발을 우려하여 황실의 인자함을 연출하며 두 사람에게 '은사' 감형이라

52 Ibid., p.321.
53 Ibid., p.327.

는 형식으로 무기징역을 언도했다.[54] 후미코는 은사장을 받자마자 격렬하게 저항하며 갈기갈기 찢어버렸다.[55]

후미코는 우쓰노미야형무소로 옮겨진 후, 형무소의 규칙을 완강하게 무시하며 자살시도와 단식으로 '은사' 감형에 대해 저항했다. '은사' 감형이란 후미코에게 전향을 강요하기 위한 하나의 방법이었다. 후미코는 국가권력과 동시에 형무소의 전향정책에 대해 일관되게 저항했다.[56] 후미코가 추구한 항일운동과 반천황제 투쟁은 그녀의 저항적 전유였으며 그것은 비로소 죽음으로 완성되었다.

4. 결론을 대신하여

가네코 후미코는 여성의 사회진출과 자립이 억제된 당시의 일본사회에서 가부장적 권위 하에서의 종속을 거부하고, 도리어 그것을 타파하기 위해 도쿄로 상경하여 자기실현을 도모하고자 했다.[57] 후미코가 끊임없이 추구한 것은 여자도 남자도 아닌 "인간으로서" 사는 것이었다. 후미코는 여성으로 간주되는 것을 거부했고, 동시에 그런 전제하에서 제공되는 모든 혜택을 단호하게 거절했다. 후미코는 주인과 노예의 관계가 아

54 Ibid., p.339.

55 Ibid., p.339.

56 Ibid., p.353.

57 高柳俊男, 「書評 山田昭次『金子文子ー自己・天皇制国家・朝鮮人』」, 『史苑』 第57巻 第2号, 立教大学史学会, 1997.3.

닌, "개인의 가치와 평등한 권리 위에 선 결속"만을 긍정했다.[58] 후미코가 추구한 것은 철저한 자율적 상태의 자기결정이었다. 사형 언도 한 달 전 1926년 2월 26일 공판조서에 첨부한 서간에서 후미코는 다음과 같이 말했다.

> 내가 나 자신의 일을 생각하고 자신의 길을 가기 위해 자신의 머리와 발을 가진 것처럼, 타인도 또한 자신의 머리와 발을 갖고 있을 터이다. 즉, 자주자치自主自治—모든 사람이 자신의 생활을 주主로 하여 자신의 생활을 올바르게 다스리는 곳에서 미약하지만 내가 바라는 사회—를 그려갈 수 있을 것 같다. 내가 자신의 행위로 요구하는 모든 것은 자신에게서 나와서 자신에게로 돌아간다. 좋은 것이던, 나쁜 것이던 이 모든 것이 자신 때문에 자신을 표준으로 한다. 따라서 내가 '올바르다'는 말을 사용할 때, 그것은 완전히 '자율적'인 의미에서 사용한 것임을 미리 말해 둔다. 그래서 나는 남들이 본 무슨 주의라던가, 무슨 사상이라던가 나는 모른다. 내가 알고 있는 것은 '나는 이렇게 생각하고 있다'는 것뿐이다.[59]

후미코는 타인에 의해 좌우되는 삶이 아니라 철저하게 자신에게서 출발하고 자신을 표준으로 하는 삶을 살기를 원했다. 자율적으로 생각하고 스스로 다스리는 자주자치야말로 그녀가 바라는 삶이었다.

---

58 수취인 불명 연월일 불명, 「여사형수의 편지-가네코 후미코가 모씨에게 보낸 옥중통신」(원제는 「나의 선언」). 야마다 쇼지, 앞의 책, 447쪽.

59 「公判調書に添付された金子文子の書簡」, 1926.2.26, 鈴木裕子, 『金子文子 わたしはわたし自信を生きる』, 梨の木舎, 2013, p.351.

후미코는 법정에서 "남편 박열과 함께 묻어달라"고 했다. 그러나, 한국전쟁 때 납북된 박열은 1974년 향년 77세로 북한에서 세상을 떠났다. 후미코는 박열과 함께 같은 땅에서 잠들지는 못했지만, 남편 박열의 고향 문경에서 조선의 흙이 되어 한일 양국의 아픈 역사 속 불행한 관계를 넘어 민족과 민족의 경계를 넘어 항일운동가로 반천황제의 투사로 한국과 일본의 가슴 속에 기억되고 있다.

제2부

포스트제국

통합과 모순적 동태

해방 직후 GHQ와 일본의 재일조선인 정책

처우와 실태

김현아

일본의 '국민', '공민', '시민' 개념 수용 과정

국가의 사회세력 간 주도권 다툼의 장으로서 '개념'

권연이

해방 직후 GHQ와 일본의 재일조선인 정책

처우와 실태

김현아

1. 들어가며 _ 재일조선인에 대한 인식

일본은 1945년 8월 15일 연합국에 항복을 선언하고 패전을 맞이했다. 일본의 식민지로 지배를 받았던 조선을 포함한 아시아 국가들은 8월 15일 이날 해방되었다. 일본에 거주하고 있는 조선인=재일조선인들 역시 해방을 맞이하였다. 재일조선인 중에는 해방되자 바로 고향인 조선으로 서둘러 귀국한 자도 있고, 일본 생활을 정리하는 데 시간이 걸려 귀국 준비가 늦어지고 있는 자도 있었다. 이러한 가운데 일본의 패전과 함께 일본을 점령하여 통치를 시작한 GHQ연합국 최고사령관 총사령부는 1945년 11월 1일에 일본점령 및 관리를 위한 지령을 발표하였다.

거기에는 조선인을 해방민족으로 처우하고 '일본인'이라는 용어에는 포함되지 않지만 지금도 계속 일본국민이므로 적국인으로 처우해도 좋다고 제시하고 있다. GHQ는 재일조선인을 해방민족=비일본인이면서 한편으로 재일조선인을 일본인=적국인으로 취급하였다. 그리고 GHQ는 11월 28일에 고용정책을 일본 정부에 하달하였는데 그 내용에는 조선인의 고용에 있어 일본인과 차별 없이 대우하고, 귀환을 기다리면서 GHQ를 위해 일하는 노동자는 일본인 노동자와 동등하게 임금을 지급하라고 지시하고 있다. 이를 통해 볼 때 GHQ의 광복 초기의 재일조선인에 대한 상반된 처우는 대일점령정책을 유리하게 하려는 방편에서 나온 것이라 할 수 있다. 이러한 배경에는 그 당시 동아시아에서의 미소 냉전 체제가 영향을 미쳤다.

특히 미소 양국의 강대국의 이념에 의해 조선이 남북으로 분단됨으로써 GHQ에 의한 재일조선인의 귀환도 양분화되었다. 재일조선인에 대한 귀환정책은 GHQ가 귀환 계획을 수립하고 일본 정부에 명령하는 방식으로 추진되었는데 귀환을 희망하는 재일조선인은 본적지에 근거하여 귀환하도록 하였다. 여기서 문제시하고자 하는 것은 귀환의 희망 여부와 관계없이 군사재판을 받게 되면 GHQ의 필요에 따라 남한으로 강제송환시켰다는 것이다.

그리고 또 하나는 해방이 되고 조선으로 귀환을 기다리는 기간에도 재일조선인은 일본의 식민통치하에 잃었던 조선어를 자녀들에게 가르치는 것을 가장 중요하게 생각하였다. 그래서 재일조선인들은 조선어강습소를 개설하여 자녀들에게 조선어를 가르치기 시작했다. 그런데 GHQ가 조선에서 콜레라가 발생하고 일본으로 불법으로 입항하려는 선박이 많아지자 귀환정책을 일시 중단하게 되었다. 여기에 조선으로 귀환해도 생활이 불안정하다고 생각한 재일조선인들은 일본에 머무르는 것을 선택하게 되었다. 이와 같은 사정으로 재일조선인은 자녀들에게 조선에 관한 교육을 체계적으로 시키려고 조선인학교를 설립하고 민족교육에 힘썼다. 그런데 1947년에 들어 GHQ와 일본 정부는 재일조선인학교의 교육에 감시를 강화하더니 마침내는 조선어 교육을 금하는 조선인학교에 대한 폐쇄령을 단행했다.

이러한 사실에 근거하여 이 글에서는 해방 직후 GHQ의 재일조선인의 귀환정책과 재일조선인학교의 폐쇄령에 주목하였다. 구체적으로는 GHQ의 재일조선인 정책에 의한 재일조선인의 귀환정책과 강제송환 그리고 조선인학교의 폐쇄령을 통해 재일조선인을 어떻게 인식했는지, 일본 정부는 GHQ의 재일조선인 정책에 어떠한 대응을 하고 재일조선인은 그러한 정책에 어떠한 태도를 보였는지를 살펴보고자 한다.

2. 재일조선인의 귀환과 강제송환

1) 재일조선인의 귀환정책

1945년 8월 15일 일본은 패전하고 조선은 일본식민지 통치하에서 해방되었다. 그래서 "해방된 조선인이 일본 '국적'에서 해방되는 것은 당연한 이치였다. 그런데 재일조선인은 1952년 4월 28일에 샌프란시스코 강화조약이 발효될 때까지 일본 '국적'을 계속 강요당하고" 있었다.[1] 이러한 원인이 되었던 것은 1945년 11월 1일에 국무성·육군성·해군성 3성조정위원회SWNCC의 승인을 거쳐 3일에 통합참모본부가 최종 승인한 '일본점령 및 관리를 위한 연합국최고사령관에 대한 항복 후 초기의 기본적 지령'JCS1380/15=SWNCC52/7을 들 수 있다. 이 지령에서 재일조선인에 대한 처우가 처음으로 언급되었다.

귀관은 군사상 안전이 허락하는 한 대만계 중국인과 조선인을 해방민족으로 처우해야 한다. 그들은 이 지령에 사용된 '일본인'이라는 용어에 포함되지 않는다, 그러나 그들은 지금도 계속하여 일본국민이므로 필요한 경우에는 적국인으로 처우해도 좋다.[2]

그 내용을 보면 '군사상 안전이 허락하는 한'이라는 조건을 달고 '조선인을 해방된 국민으로 처우'해야 한다고 하면서도 '지금도 계속하여 일본국민이므로 필요한 경우에는 적국인으로 처우해도 된다'고 제시하고 있다. 바꾸어 말하면 GHQ가 '일본점령 및 관리'=대일점령정책을 수행하는 데 있어 협조적이면 일본에 거주하는 조선인은 '해방된 조선인'으로, 비협조적이면 일본인=적국인으로 간주한다는 의미로 해석할 수 있다. 이러한 배경에는 "1945년 9월 2일에 GHQ가 일반명령 제1호를 발표하여 미국과 소련이 조선을 남북으로 분단하여 점령한다는 것을 명기한" 사실을 들 수 있다.[3] 또 하나는 여운형을 중심으로 지금의 서울에서 "9월

---

1 佐藤勝巳,『在日朝鮮人ーその差別と処遇の実態』, 同成社, 1977, p.158.

2 Basic Initial Post-Surrender Directive to Supreme Commander for the Allied Powers for the Occupation and Control of Japan(Nov. 1, 1945) : 外務省政務局特別資料課 編,『在日朝鮮人管理重要文書集 1945~1950年』, 湖北社, 1978, p.10.

3 佐藤信行,「在日朝鮮人ー解放後1945~53年の軌跡ー」,『季刊三千里』48, 1986.11, p.90.

6일에 조선건국준비위원회를 설립하고 조선인민공화국 수립을 선언했는데 10월 10일에 미군정장관은 조선인민공화국을 인정하지 않았다"라는 점이다.[4] GHQ는 11월 28일에 '고용정책에 관한 총사령부각서'를 일본 정부에 하달했다. 조선인의 경제적 처우와 관련된 내용을 인용하면 다음과 같다.

귀환을 승낙하기보다 일본에 잔류하는 것을 선택하는 조선인, 대만인 및 중국인은 고용에 대해 같은 경우에 일본인에게 제공되면 동일한 권리, 특권 및 기회를 보증받는 것을 필요로 한다.

> 귀환을 기다리고 있는 조선인, 대만인 및 중국인은 차별 없이 점령군을 위해 일할 기회를 제공한다. 이와 같은 모든 노동자는 일본인 노동자와 동등하게 일본제국 정부로부터 지불받는 것을 필요로 한다. 또한 점령군을 위해 일하는 일본인에게 제공되는 모든 이익에 평등하게 할 것을 필요로 한다.[5]

이에 대해 박경식은 "일본 외무성은 '이 각서의 취지는 대만인 및 조선인을 "해방 인민"으로 보장하기 위해 특히 고용에 관해서 일본인과의 차별적 대우를 금지하는 것으로 생각된다'[6]라고 표현하고 있다. 그러나 이것은 통고에 불과하고 실제로는 조선인의 취직문제에 있어 일본인과

4 Ibid.

5 Employment Policies(SCAPIN 360) Nov. 28, 1945; 앞의 책, 『在日朝鮮人管理重要文書集 1945~1950年』, pp.10~11.

6 外務省特別資料課 編, 『日本占領及管理重要文書集』 및 그 해설『(在日朝鮮人史硏究)』(제9호에 수록되어 있음); 朴慶植, 『解放後在日朝鮮人の運動史』, 三一書房, 1989, p.114.

동등한 기회가 제공된 적은 없었다. 미국 점령군이 사용하는 석탄확보를 위해 노동력 부족으로 조선인 노동자의 귀국을 연기시키고 노동을 강요하는 지령을 내리는 일도 있었다. 하지만 조선인은 그와 같은 가혹한 중노동을 환영할 리가 없었다"라고 말한다.[7] 이를 통해 1945년 11월에 GHQ가 공포한 '일본점령 및 관리를 위한 연합국최고사령관에 대한 항복 후 초기의 기본적 지령'에서 규정한 조선인 처우를 대치시켜 보면 다음과 같다.

GHQ 입장에서는 ①'군사상 안전이 허락하는 한 대만계 중국인과 조선인을 해방민족으로 처우해야 한다' 했으므로 '일본인과의 차별적 대우를 금지하는' 것은 당연하다. 하지만 오랜 전시경제체제로 인해 경제적 상황이 좋지 않은 일본 정부로서는 ②해방된 대만인과 조선인은 '지령에 사용된 일본인이라는 용어에 포함되지 않는다'고 하는 문구에 대응하여 '조선인의 취직문제에 있어 일본인과 동등한 기회를 제공하는' 고용정책을 그다지 적극적으로 수용하지 않았을 것이다. ③'필요한 경우에는 적국인으로 처우해도 된다'라는 말은 '미국 점령군이 석탄확보를 위해 조선인 노동자의 귀국을 연기시키고 노동을 강요했는데 조선인은 가혹한 중노동을 환영하지 않았다'라는 상황에 비추어 보면 GHQ의 입장에서는 대일점령정책에 조선인들이 비협조적으로 나올 수 있다는 것을 고려하여 '필요한 경우에는 적국인으로 처우해도 된다'는 내용을 포함하지 않았을지라는 해석을 해본다. 이러한 근거는 GHQ는 "조선은 본의는 아

7 朴慶植, ibid.

니었을지언정 전쟁 중 일본의 협력자"라고 인식하고 있었기 때문이다.[8]

조선인의 귀환을 추진하기 위한 조사가 시작되었다. 1946년 2월 17일에 GHQ는 일본 정부 앞으로 '조선인, 중국인, 류큐인 및 대만인의 등록에 관한 총사령부각서'를 통고한다.[9] 그 내용에는 '일본 정부는 일본에 거주하는 모든 조선인, 중국인, 류큐인 및 대만인을 1946년 3월 18일까지 등록하도록 하고, 성명, 나이, 성별, 본국 주소, 일본 주소, 직업, 귀환 여부, 귀환 희망자는 본국 행선지, 귀환을 희망하지 않는다고 등록한 자는 귀환의 특권을 상실한다' 등을 포함하고 있다.

2월 19일에 GHQ는 '조선인 및 다른 특정국인에 대한 판결 심사'에 관한 각서를 발표했다. 그 문서에는 '일본의 형사재판소가 조선인 및 이제까지 일본 지배하에 있었던 타국 국민으로 그 본국으로 귀환할 의사가 있다는 것에 대해 적당한 증거를 제공한 자에 내린 판결은 연합국 최고사령관 또는 연합국 최고사령관이 지명한 대리자의 심사 및 다른 조치에 따르게 할 수 있다"라고 분명히 하고 있다.[10] 이것은 본국으로 귀환할 의지가 있음을 증명한 경우에만 재판소가 내린 판결에 연합국 최고사령관이 재심을 허용한다는 것이다. 즉 귀환을 거절하는 조선인은 재심의 특권을 상실하게 된다. 이 각서는 조선인을 해방된 민족으로 법적으로 보호하기보다 오히려 일본 측이 재일조선인에 대한 형사재판권 및 수사권

8 朴慶植 編,『解放後の在日朝鮮人運動 1』朝鮮問題資料叢書 第9巻, アジア問題研究所, 1983, p.25.

9 Registration of Koreans, Chinese, Ryukyuans and Formosana(SCAPIN 746) Feb. 17, 1946;『在日朝鮮人管理重要文書集 1945~1950年』, p.19.

10 Ibid., pp.37~38.

을 가지고 있음을 확인하게 하는 것이었다.[11]

같은 해 3월 26일에는 '조선인에 대한 형사재판관할권 및 조선인의 귀환에 관한 총사령부 민간정보 교육국 발표'가 있었다.[12] 여기에는 GHQ가 귀환 절차를 결정하고 귀환계획에 대한 실행은 일본 정부가 하게 되므로 귀환을 희망하는 자는 일본 정부의 지시에 따라 출발해야 한다고 설명한다. 그리고 5월 7일에는 '일본인 및 비일본인의 귀환에 관한 총사령부각서'가 '일본인 및 비일본인의 귀환' 건명으로 도쿄의 종전終戰연락 중앙사무국을 거쳐 일본 정부 앞으로 보내졌다.[13] 조선인 귀환에 관련된 내용을 보면 '북위 38도 이남의 조선에 거주했던 자로 현재 일본에 있는 조선인의 귀환은 1946년 9월 30일 또는 그 이전에 완료해야 한다. 북위 38도 이북으로의 귀환은 적당한 협정이 성립할 때까지 보류한다. 북한으로 가는 조선인은 북한으로 귀환이 가능해질 때까지 일본에 머무른다'라고 적고 있다. 이렇게 남한으로의 귀환은 시작되었는데 북한으로의 귀환은 미정이었다.

GHQ는 1946년 4월 4일에 일본 정부가 '철도이용의 대만인 및 조선인을 단속하는 데 있어 완전한 권한을 행사하여 일본 철도의 치안과 질서 유지를 확보하도록 하는' 지령을 하달하였다.[14] 그리고 4월 30일에 보

---

11 『解放後在日朝鮮人の運動史』, p.106.

12 Statement Issued by SCAP Spokesman on Criminal Jurisdiction over Koreans in Japan(Mar. 26, 1946); 『在日朝鮮人管理重要文書集 1945~1950年』, pp.52~53.

13 Repatriation(SCAPIN 927abs.) May 7, 1946; Ibid., pp.53~58.

14 Control of Formosans and Koreans Using Railways(SCAPIN 912-A) Apr. 4, 1946; Ibid., p.49.

낸 ‘조선인의 불법행위’에 관한 각서에는 일본 정부가 ‘폭행을 하는 조선인을 단속하는 완전한 권한을 갖는다’라고 명기하였다.[15] 이러한 문서를 통해 볼 때 이렇게 조선인을 특정한 이유는 무엇인가. 이러한 근본 원인은 “1946년 일본에서는 식량 위기에 직면하고 패전 후 합법적인 정당으로 재출발한 일본공산당 지도하에 반정부의 대중운동이 전례 없이 고조되었다. 그중에서도 재일조선인의 활발한 활동은 연합군총사령부가 재일조선인에 대한 강경한 태도를 그리고 그 억압정책으로서 재일조선인을 법적으로 구속하려고 했다”라는 점에서 찾을 수 있다.[16]

패전 후 일본의 경제가 혼란했던 그 당시 특권계급을 제외하고 일반 서민은 식량을 비롯한 생활용품이 부족한 상황이었다. 그래서 일본인은 물론 조선인도 특히 식량을 구하러 농촌으로 가서 양식이 되는 쌀과 감자를 구매하였고 또한 그것을 ‘암시장’에 내다 팔았다. 일본 정부는 쌀 등을 농촌에서 사들이는 ‘암시장’이 일본경제를 교란한다고 하여 단속을 하였고 ‘암시장 거래 물자’를 압수하였다. 그리고 실업 상태에 있었던 조선인은 무허가로 막걸리와 엿을 만들기도 하였는데 어느 날은 일본 경관들이 새벽에 ‘조선인 부락’을 급습하여 막걸리 통을 뒤엎는 등 대대적인 단속을 하는 일도 일어났다.[17]

이러한 강압적인 단속에 대항하여 패전 후 처음으로 열린 1946년 5월 1일 노동절에 재일조선인연맹(약칭 조련)은 조선인 강제송환 절대 반

15 Misconducts Committed by Koreans(SCAPIN 1111-A) Apr. 30, 1946; Ibid., pp.49~50.

16 『解放後在日朝鮮人の運動史』, p.104.

17 Ibid., pp.114~115.

대'와 재일조선인에 대한 경찰의 간섭 절대 반대 등을 슬로건으로 내세웠다. 노동절이 있고 얼마 지나지 않아 "5월 16일에 나가사키長崎시에서는 암시장 단속으로 조선인 30명, 일본인 100여 명이 나가사키경찰서에 연행되어 조련지부 임원, 청년자치대, 중국인 등 100여 명이 경찰서에서 항의하다가 경관과 충돌하는" 사건이 발생했다.[18]

그리고 6월 5일에 발표한 '재일在日 비일본인의 귀환 등에 관한 극동위원회 정책 결정'을 보면 '북위 38도 이북의 조선에서 일본으로 오기 이전에 거주했던 조선인 귀환에 관한 결정이 소련과 미국 사이에서 체결될 때까지는 연합국 최고사령관은 필요하다고 인정되면 조선인을 북위 38도 이남의 조선으로 귀환시킬 수가 있다'라고 표기되어 있다.[19] 이것은 1945년 11월 1일에 발표한 '일본점령 및 관리를 위한 연합국최고사령관에 대한 항복 후 초기의 기본적 지령'에서 제시한 재일조선인을 군사상 안전이 허락하는 한 해방인민/비일본인/일본국민으로 하고 필요한 경우에는 적국인이라는 처우를 그대로 적용하고 있었다. 이전에 이북에서 살았던 조선인=비일본인을 '연합국 최고사령관은 필요하다고 인정되면 조선인을 북위 38도 이남의 조선으로 귀환시킬 수 있다'라는 표현에서 강제적 송환이라는 측면을 엿볼 수 있다.

---

18 Ibid., p.115.

19 Aliens in Japan(FEC Policy Decision) (abs.) June 5, 1946; 『在日朝鮮人管理重要文書集 1945~1950年』, pp.11~12.

2) 재일조선인의 강제송환

1946년 7월 24일에 '국내치안 유지에 관한 긴급질문[오노 반보쿠大野伴睦 군 외 1명 제출]에 대한 국무장관[오무라 세이치大村清一]의 답변'에는 다음과 같은 내용을 담고 있다. "소위 해방된 재류자로 잘못된 자는 과거의 처우에 대한 반발을 이유로 패전국의 법률에 따를 필요가 없다고 마치 전승 국민인 것처럼 우월감을 품고 예를 들어 부당요구, 집단폭행, 각종 범죄의 감행, 경제통제 교란, 무임승차 등의 불법행위를 하는 등 사회인심을 불안에 빠뜨리고 있다. 연합국군의 지령에 따라 이들 해방된 재류민이 일본에 거주하는 한 일본의 법령에 따라야 한다. 우리 경찰은 이들 재류자에 대해 완전한 경찰권을 장악하고, 단속할 의무와 책임을 갖고 있다. 특히 폭력으로 사회질서를 파괴하려는 집단적 불법행위자에 대해서는 가령 그것이 조선인 간, 대만인 간의 문제일지라도 일본의 법령으로 엄정한 단속을 하고 이를 방지할 방침"이라고 밝히고 있다.[20]

위의 답변을 그대로 이행하는 사건이 발생했다. 위의 답변으로부터 두 달이 지난 9월 22일에 니이가타현新潟県 사카마이坂米역에서 주식主食을 단속하는 무라카미村上경찰서의 경찰관과 쌀을 직거래하는 조선인, 중국인들 약 20명이 난투극을 벌였고, 경찰이 쌀을 몰수하는 일이 있었다. 쌀 몰수에 항의하여 주재소를 습격하자 경찰 측은 경방단警防團과 미군의 도움을 받아 이들을 탄압하고 15명을 검거하였다.[21] 이 사건 발생 후 10

---

20 제90회 제국의회 중의원 의사 속기록 제19호(관보 호외 1946년 7월 24일); Ibid., pp.50~51.

21 『解放後在日朝鮮人の運動史』, p.115.

월 14일에 작성된 '재일조선인연맹 제3회 전국대회 의사록'에는 일본당국의 태도를 다음과 같이 기록하고 있다.

(가) 전시 중에는 이용가치가 있던 조선인도 지금에 와서는 하등의 이용할 여지가 없을 뿐 아니라 정치적으로나 경제적으로 여러 가지 방해물이 되고 있다. 그러므로 조선인은 하루라도 속히 조선으로 쫓아 보내려는 계획이다.

(나) 일본에 있더라도 경제적 활동을 시켜서는 안 된다. 무력한 개개의 조선인을 자기네의 노예로 쓰는 것은 모르겠으나 일본인과 동등, 혹은 그 이상의 조선인을 일본에 두고 싶지 않다는 야심

(다) 이것을 하기 위하여는 조련과 같은 강력한 통일체가 있어서는 도저히 자기네의 목적을 달성치 못함으로 이것을 분열시키려는 책동, 약화시키려는 책동, 탄압하려는 음모가 시행되고 있다.[22]

위 회의록의 내용에서 주목하는 것은 '정치적으로 경제적으로 방해물이 되는 조선인은 조선으로 쫓아 보내려는 계획'이라는 표현이다. 그렇다면 그것이 가능했을까. GHQ는 11월 12일에 '조선인의 지위 및 취급에 관한 총사령부 섭외국 발표'가 있었다. 거기에는 "일본에 있는 조선인으로 총사령부의 귀환계획에 따라 그 본국에 귀환하는 것을 거절하는 자는 정당하게 설립된 조선 정부가 그들에 대해 조선국민으로 승인을

22 『解放後の在日朝鮮人運動』 1, p.25.

얻을 때까지 일본 국적을 유지하는 자로 간주한다"라고 분명히 하고 있다.[23] 이 시점에서 볼 때 조선인은 '일본 국적을 유지하는 자'로 간주하고 있으므로 강제송환은 어려웠다고 볼 수 있다.

그런데 이 발표가 있고 일주일 후 11월 20일에 GHQ는 '조선인의 지위 및 취급에 관한 총사령부 섭외국 발표'를 또 하였다. 그 내용에는 12월 15일 이후 "귀환을 거절하고 일본에 남는 것을 선택한 조선인은 일본에 계속 거주하면 모든 적당한 지방적 법률 및 규칙에 복종해야 한다"라고 표현하고 있다.[24] 이에 근거하여 '재일조선인은 강화조약 발효 때까지 일본 '국적'을 보유하고 일본법률에 복종할 것을 강요받게' 되었다. GHQ는 '1946년 말까지 재일조선인의 법적 지위에 대해 명확하게 표명하지 않았는데' 이 시점에서 이와 같은 발표를 한 배경에는 '1946년 3월 이후 남한에서 콜레라가 유행하고 한편으로 경제 불안 등이 겹쳐져서 귀국자가 급속하게 감소하고 일정 수의 조선인이 일본에 거주하는 것이 예상되었기' 때문이다.[25] 이를 대변하듯 사실 11월 20일 현재 "오늘까지 불법으로 일본에 재입국하여 다시 송환된 14,000명 이상을 포함하지 않고, 919,000명 이상이 본국으로 귀환했다. 지금 약 600,000명의 조선인이 일본에 있는데 그 가운데 약 75,000명이 귀환을 청구하고 있는"[26] 상황

23 Statement Issued by SCAP Officials on Status and Treatment of Koreans in Japan (Nov. 12, 1946); 『在日朝鮮人管理重要文書集 1945~1950年』, p.15.

24 Statement Issued by a Spokesman for SCAP concerning Status and Treatment of Koreans in Japan (Nov. 20, 1946); Ibid., p.17.

25 『在日朝鮮人ーその差別と処遇の実態』, p.159.

26 Statement Issued by a Spokesman for SCAP concerning Status and Treatment of Koreans in Japan (Nov. 20, 1946); 『在日朝鮮人管理重要文書集 1945~1950年』, p.16.

이었다.

GHQ는 "불법으로 입국한 경우를 제외하고 강제송환은 하지 않고, 본국으로의 송환은 대한민국이 수락하는 방법으로 한다는 조건 아래 모든 가능한 방법으로 귀환을 촉진하는 정책을 계속 취할 것"이라는 방침을 세우고[27] 즉, '불법으로 일본에 재입국=밀입국자'에 대해서는 강제송환이 이루어졌다. 한편 군사재판에서 유죄판결을 받고 강제송환되는 일도 있었다. 1947년 2월 5일에 발령된 '해방민족 등의 강제송환에 관한 내무성 공안 제1과장 통첩'에 의하면 "조선인, 대만인, 류큐인 및 중국인 기타의 밀입국자, 연합군 지령 또는 군사재판에 의한 추방자 등의 강제송환은 이제까지 관계방면의 협의로 적절하게 실시해 왔다"라는 사실을 통해서 알 수 있다.[28]

GHQ 점령하에서는 점령목적을 수행하기 위해서 군사재판이 진행되었고 '점령목적 유해행위' 등을 처벌했다.[29] 군사재판을 받고 남한으로 강제송환된 조선인은 1946년에는 10명, 1947년에는 365명, 1948년에는 73명, 1949년에는 30명으로 합계 478명이었다. 이들 조선인 중에는 '밀입국자'로 군사재판을 받고 강제송환된 자도 있지만 권익옹호투쟁 등에 의해 체포되어 군사재판에 회부된 후에 강제송환된 재일조선인도 있었다.[30]

---

27 飛田雄一,「GHQ占領下の在日朝鮮人の強制送還」,『季刊三千里』48, 1986.11, p.73.

28 『在日朝鮮人管理重要文書集 1945~1950年』, p.85.

29 「GHQ占領下の在日朝鮮人の強制送還」, p.76.

30 Ibid.

1946년 12월 20일에 도쿄 궁성宮城 앞 광장에서 1만 5천 명의 생활권옹호인민대회가 열려 그때 14명이 체포되고 그중에 10명이 기소되었다. 12월 26일에는 이미 군사재판이 열려 유죄판결을 받았는데 다음해 1947년 2월 19일에 GHQ는 이 10명을 본국송환을 조건으로 석방했다. 이에 대해 2월 24일에 민주부녀동맹 도쿄지부 대회에서 강제송환 반대결의가 이루어지는 등『解放新聞』 1947년 3월 1일, 반대운동이 전개되었는데 3월 8일 그 10명은 가족 12명과 함께 남한으로 강제송환되었다. 그들을 태운 열차는 요코하마横浜, 시즈오카静岡, 교토京都, 오사카大阪, 오카야마岡山 등의 역에서 '철야환영포진徹夜歓迎布陣'이 펼쳐졌다.『解放新聞』, 1947.3.10 · 3.15 · 4.15[31]

위의 내용에서 알 수 있듯이 GHQ 점령하에서도 재일조선인들은 생활권을 옹호하는 운동을 전개하였고 그에 대한 탄압으로 체포되어 군사재판을 받고 유죄판결을 받았다. 그런데 강제송환을 조건으로 석방하는 일도 있었다는 것이다. 사실 조선인은 그 당시 일본 국적을 가지고 있었기 때문에 법적으로 강제송환할 수 없었다. '군사재판에 의한 강제송환은 GHQ 및 일본 정부에 의해 의도적으로 행해진 것은 사실이지만 GHQ가 점령목적을 방해한다고 하여 남한으로 강제송환'을 실행한 것은 불합리한 정책이었다.[32]

---

31 Ibid., pp.76~77.

32 Ibid., p.78.

3. 재일조선인학교의 폐쇄령

일본의 식민지지배로부터 해방된 재일조선인의 가장 큰 관심은 하루라도 빨리 조국으로 돌아가는 일과 자녀들의 교육에 대한 문제였다. 해방 전에 조선인 아이들이 일본 학교에 다니면서 받았던 황국신민화를 위한 교육을 생각할 때 패전 후에는 일본 학교에 보내고 싶지 않다는 생각이 조선인들 사이에서는 지배적이었다. 조선으로의 귀환을 앞둔 얼마 남지 않은 동안일지라도 일본에서 태어나 일본 교육을 받은 자녀들에게 조국에 가서 생활하는 데에 필요한 교육을 하고 싶었다. 그래서 '최초로 1945년 9월에 도쿄東京 간다神田에 있는 조선YMCA'가 모국어인 조선어를 가르치는 '국어강습회'를 개설하였다. 이후 조선인이 거주하는 모든 지역에는 국어강습회가 생겨났다. 그리고 각 지역에 개설된 국어강습회는 재일조선인연맹이 지도하고 관리하는 운영체제였다.[33]

1946년 10월에 열린 조련 제3회 전국대회에서는 동포들이 본국의 정치정세의 불안 및 경제 혼란 때문에 귀국해도 안정된 생활이 불가능하다고 생각하여 귀국을 단념하고 있다는 분석을 내놓았고 '항구적으로 재류하는 동포는 50만 명을 넘을 것'이라고 전망하였다. 그래서 조련의 '강령과 규약의 개정 등이 논의'되었고 '민족교육에 대해서는 활동방침의 '교육 및 계몽' 부분에서 교육방침, 교명, 학령, 입학, 졸업, 학급편성, 커리큘럼, 교원의 자격과 임면' 등에 관한 규정을 만드는 것이 요구되었다.[34]

---

33 梁永厚, 「解放後, 民族教育の形成」, 『季刊三千里』 48, 1986.11, p.45.

34 Ibid., p.46.

귀환을 기다리고 있던 60만 명의 재일조선인은 어쩔 수 없이 일본에 머무르는 상황이 되었다. 그 이유는 GHQ의 귀환정책으로 남한으로 귀국한 사람들이 밀입국하는 일이 많아지자 GHQ가 1946년 말경에 재일조선인의 귀환을 중지했기 때문이다. 이로 인해 귀환이 재개될 때까지 '당분간이라도 통합된 교육을 하려고 학교형식에 맞추어 발전시켜 나가게' 되었다.[35] 그렇게 교육강령을 추진하는 중에 GHQ가 1946년 11월 20일에 '재일조선인의 지위 및 취급에 대해서'라는 지령을 발표했다.

이것은 12월 15일 이후 조선으로의 귀환이 아닌 일본에 거주하는 것을 선택한 조선인은 "일체 일본의 법률에 복종하는 것을 충분히 알고 일본에 남는 선택을 했다는 취지로 일본 거주의 조선인은 모든 면에서—물론 교육면에서도—독립된 민족으로서가 아니라 이제까지와 마찬가지로 재일조선인을 일본인으로 취급하는 법적 근거를 제공하는 부당한 것이었다"라고 말할 수 있다.[36] 그러나 이러한 지령이 발표된 후에도 '실제로 재일조선인의 생활과 활동에 대해 일본 정부는 그다지 엄격하게 규제하지 않았고 간섭도 많지 않았다. 조선의 자주적인 교육에 대해서도 아무런 말도 하지 않았고, 지역에 따라서는 오히려 교실 등의 시설을 대여해 주기도' 하였다.[37] 그 당시 일본 문부성의 태도는 어떠했는지 보도록 하자.

1947년 4월 12일에 문부성 학교교육 국장 히다카 다이시로日高第四郎

35 金慶海, 『在日朝鮮人民族教育の原点』, 田畑書店, 1979, p.18.

36 Ibid., pp.18~19.

37 Ibid., p.19.

가 '조선인 아동의 취학의무에 관한' 내용으로 조회한 도카이東海 호쿠리쿠北陸지방 행정사무국 장관 구와바라 미키네桑原幹根에게 다음과 같이 회답하고 있다.

1. 조선인 아동은 일본인 아동과 마찬가지로 취학하도록 할 의무가 있는지.
   (회답) 현재 일본에 재류하는 조선인은 일본의 법령에 복종해야 한다. 따라서 일단은 조선인 아동에 대해서도 일본인 아동과 마찬가지로 취학시킬 의무가 있으며 또한 실제로도 일본인 아동과 다른 부당한 취급을 해서는 안 된다. 그러나 의무취학을 강제하는 곤란한 사정이 일방적으로 있을 수 있으니 실정을 고려하여 적절하게 조치하길 바란다.
2. 조선인이 그 자제를 교육하기 위해 소학교 또는 상급 학교 혹은 각종 학교를 신설하는 경우에 부현府縣은 이것을 인가해도 지장이 없는지.
   (회답) 지장 없다.[38]

문부성은 도도부현都道府縣 교학과장 앞으로도 위의 내용을 참고하라고 통지했다. 조선인 교육은 "현 상황에서는 과거와 같은 '일본인화'를 목적으로 하는 교육을 요구하거나 어떠한 제한과 억압을" 가하는 것은 불가능하다.[39] 이렇게 판단한 일본 정부는 조선인 교육을 조선인들이 자율적으로 운영할 수 있게 각종 학교의 설립인가를 허가하였다. 그러한 결과

38 『在日朝鮮人管理重要文書集 1945~1950年』, p.122.
39 『在日朝鮮人民族教育の原点』, p.19.

1947년 10월에 있었던 조련 제4회 전국대회에서는 다음과 같은 보고가 있었다. 초등학교 541개교, 학생 수 5만 7,961명, 교원 수 1,250명으로 전년도와 비교하면 학교 17개교, 아동 1만 4,779명, 교원 238명이 각각 증가했다. 중등교육은 학교 수 7개교, 학생 수 2,761명, 교원 수 59명으로 전년도와 비교하면 학교 3개교, 학생 1,581명, 교원 41명이 증가했다.[40]

그런데 해방 후부터 이제까지 조선인학교에 대해 관조적이었던 GHQ와 일본 정부가 태도 변화를 보였다. 조선인학교의 교육내용 및 시설, 학교운영 등을 감시하기 시작했다. 예를 들자면 GHQ의 민간정보 교육국의 담당관과 함께 교육현장을 둘러보고는 교원면허가 없다, 교과서의 수준이 낮다, 시설이 미비하다, 사상교육을 하고 있다, 태극기를 게양해서는 안 된다 등을 지적하였다.[41] 그러한 배경에는 해방 후 일본에서 재류를 결정한 조선인은 생활에 대한 권익옹호운동을 각 지역에서 전개했는데 조련이 그 주도적인 역할을 했다는 점을 들 수 있다. GHQ와 일본 정부는 조련을 중심으로 한 재일조선인의 운동에 계속 예의 주시해왔다. 조련에 대한 감시는 조련의 영향을 강하게 받는 조선인학교로 향해지게 되었다.[42]

사실 1947년 무렵부터 동서냉전이 본격화되고 점령군은 일본 국내의 반공 대책에 한층 관심을 보이기 시작했다. GHQ는 조선인학교가 공산주의의 교육을 시행하고 있으며 또한 조선인학교를 관리하는 조련은

40 「解放後, 民族教育の形成」, p.47.

41 Ibid..

42 崔紗華, 「占領期日本における朝鮮人学校:学校の閉鎖と存続をめぐって」, 『早稲田政治公法研究』 제108호, 2015, p.2.

일본 공산당과 관련이 있다는 보고를 지방군정국地方軍政局으로 받고 있었고, 전국의 조선인학교에 관심이 고조되고 있던 시기였다.[43] 이러한 국내외적 정황 속에 1948년 1월 24일에 문부성 학교교육 국장은 '조선인 설립학교 취급에 관한' 통첩을 문부성 오사카 출장소장과 도도부현지사에게 하달하였다.

그 주요 내용을 보면 재일조선인은 일본 법령에 복종해야 하므로 일본 학교에 취학할 의무가 있다. 학령 학생의 교육을 위한 조선인학교의 설치는 인정할 수 없다. 그리고 조선인학교에서의 조선어 등의 교육은 과외 과목으로 한다고 규정하고 있다.[44] 이와 같은 조선인학교 폐쇄조치는 해방을 체현하는 시도로서 설립된 조선인학교의 존재를 정면으로 부정하고 재일조선인에 의한 자유로운 교육을 금지하려고 하는 것이었다.[45]

문부성 통첩에 대해 2월 16일, 조련 중앙본부는 '재일조선인 대다수는 적당한 기회에 귀국할 것이고, 또한 그렇지 않다고 해도 모국어에 의한 교육을 받는 것이 절대적으로 필요하다'라고 반대 성명을 발표했다. 이에 대해 3월 24일 문부성은 이 통첩에 복종하지 않는 자는 조선인학교를 폐쇄한다고 통고했다.[46]

GHQ의 조선인학교 폐쇄 명령에 대해 재일조선인들은 어떻게 대응했을까. 1월 24일에 문부성 통첩이 발령되고 1월 27일에 조련 제13회 중앙위원회가 개최되었다. 이날 중앙위원회에서는 학교인가문제와 관련

43 Ibid., p.3.
44 『在日朝鮮人管理重要文書集 1945~1950年』, p.123.
45 「占領期日本における朝鮮人学校ー学校の閉鎖と存続をめぐって」, p.4.
46 「在日朝鮮人ー解放後1945~53年の軌跡ー」, p.93.

하여 "빼앗긴 우리 문화를 되찾아 조국을 모르고 모국어를 모르는 조선인 아동에게 조선적인 모든 교육과 조선건설에 이바지하는 긴급하고 중대한 교육을 실행하는 것은 무엇보다도 우리에게 큰 사명"『解放新聞』 1948년 2월 20일이라고 제시하고 민족교육의 목적과 사명의 중요성을 재확인하였다.[47] 그리고 조선인의 민족교육을 중상하는 것에 대해 "일본에서의 조선인학교의 경영은 민족적 대립을 조장하는 것이 아니라" 반대로 "민족적 친선을 바라는" 것이며 우리 민족교육과 일본인 학교의 교육 사이에는 어떠한 모순도 알력도 있을 수 없다고 반론하고 오히려 조선과 일본의 친선, 국제우호의 촉진에 이바지하는 것이라고 강조했다.[48]

조련중앙위원회는 2월 16일에 각 지역의 재일조선인에게 3월 1일에 개최되는 '3 · 1절 제29주년 기념대회'에서 "민주주의와 민족교육을 지키는 투쟁을 적극적으로 전개하도록 호소했다. 그리고 이날 고베神戸공업전문학교 운동장에서 열린 효고현兵庫縣 인민대회에는 4천여 명의 조선인 학부형과 동포들이 참가하여 민족교육의 자주권을 호소했다"고 한다.[49] 이 대회를 계기로 전국적으로 운동이 확대되었고, 4월에 들어 GHQ와 일본 정부는 한신阪神지역의 조선인학교에 대한 단속을 더욱 강화하였다.[50]

---

47 『在日朝鮮人民族教育の原点』, pp.28~29.

48 Ibid., p.29.

49 Ibid., p.33.

50 「占領期日本における朝鮮人学校:学校の閉鎖と存続をめぐって」, p.4.

4. 나오며 __ GHQ의 재일조선인 처우

일본의 패전 후 점령통치에 들어간 GHQ는 점령 초기 1945년 11월 시점에 일본에서 해방을 맞이한 조선인을 비일본인/일본인으로 처우하였다. 일본의 식민지지배로부터 해방된 조선을 미국과 소련이 남과 북으로 분단하여 점령하기로 발표하였는데 재일조선인의 귀환에 대해 협정이 성립되지 않은 상태였다. 그래서 남과 북 중에 어느 쪽으로 귀환하게 될지, 즉 미국과 소련 중 어느 국가의 지배를 받을지 모르는 상황에서 재일조선인을 비일본인으로 처우한 측면도 있을 수 있다.

그리고 GHQ가 재일조선인을 일본국민=적국인으로 처우한 것은 일본의 식민지배를 받은 재일조선인들을 '전쟁을 지지한 협력자'로 보는 경향이 있었기 때문이다. 그래서 '군사상 안전이 허락하는 한'이라는 조건을 제시하고 '해방민족으로 처우하는' 것을 명시했다고 할 수 있다. 즉 GHQ는 대일점령정책을 원활히 수행하기 위해 득실을 따져가며 재일조선인을 처우하였다.

남한으로 귀환을 기다리고 있고, 북한으로 귀환이 가능해지기를 기다리는 재일조선인들은 빈곤한 생활에 직면했다. 재일조선인에 대한 암시장 단속이 심해지자 일본 경찰에 항의하는 사건들이 일어났다. 이러한 가운데 일본 정부는 해방된 재일조선인은 일본법률에 복종해야 하고 이를 어기는 불법행위자에 대해서는 처벌한다는 방침을 내세웠다. 이에 대응하여 GHQ는 귀환을 포기하는 재일조선인은 일본 국적을 유지한다고 발표함으로써 일본이 위법자를 처벌할 수 있는 근거가 되었다. 그리고

GHQ는 점령목적을 위반하는 행위에 대해서는 군사재판을 하여 남한으로 강제송환을 하였는데, 생활권을 옹호하는 운동을 하다가 체포되어 군사재판을 받고 일본 국적을 유지하고 있는데도 남한으로 강제송환되는 사례도 있었다.

GHQ와 일본 정부는 조련이 생활옹호운동을 주도하게 되자 조련이 관리 운영하는 조선인학교에 제재를 가하기 시작하였다. GHQ는 1947년에 들어 동서냉전이 표면화되자 일본 국내의 반공산당 정책에 더욱 관심이 고조되었다. GHQ의 반공 정책에 대응하는 방책으로 일본 정부는 조련이 일본공산당과 관련이 있으며 조선인학교가 공산주의 교육을 한다는 보고에 주목하였다. 그리고 학령 아동을 위한 조선인학교의 설립을 불허하고 조선인학교에서의 조선어 교육은 과외 과목으로 규정하며 실지로 조선인학교의 폐쇄령을 단행하였다. 이러한 조선인학교 폐쇄조치에 대항하여 재일조선인들은 조선인학교의 민족교육은 민족적 대립을 조장하는 것이 아닌 민족적 친선을 바라는 것이며 조선과 일본의 친선, 국제우호의 촉진에 이바지하는 데 있다고 강조했다. 재일조선인들은 민족교육의 자주권을 호소하는, 민족교육을 지키는 투쟁을 전국적으로 확대해 나갔다.

참고문헌

外務省政務局特別資料課 編,『在日朝鮮人管理重要文書集 1945~1950年』, 湖北社, 1978.

朴慶植 編,『解放後の在日朝鮮人運動』1, 朝鮮問題資料叢書 第9巻, アジア問題研究所, 1983.

金慶海,『在日朝鮮人民族教育の原点』, 田畑書店, 1979.

佐藤勝巳,『在日朝鮮人-その差別と処遇の実態』, 同成社, 1977.

佐藤信行,「在日朝鮮人一解放後1945～53年の軌跡一」,『季刊三千里』48, 1986.11.

崔紗華,「占領期日本における朝鮮人-校：校の閉鎖と存続をめぐって」,『早稲田政治公法研究』108, 2015.

朴慶植,『解放後在日朝鮮人の運動史』, 三一書房, 1989.

飛田雄一,「GHQ占領下の在日朝鮮人の強制送還」,『季刊三千里』48, 1986.11.

梁永厚,「解放後, 民族教育の形成」,『季刊三千里』48, 1986.11.

김태기,「미국무성의 대일점령정책안과 재일조선인정책」,『한국동북아논총』33, 2004.12.

최덕효,「배반당한 '해방'-미군 점령하 '재일조선인 문제'와 냉전, 1945~1948」,『일본비평』22, 2020.

홍인숙,「제2차 세계대전 직후, GHQ의 재일조선인정책」,『한일민족문제연구』창간호, 2001.

일본의 '국민', '공민', '시민' 개념 수용 과정

국가와 사회세력 간 주도권 다툼의 장으로서 '개념'

권연이

1. 들어가며 _ '용어'의 혼재

일본에서 국가에 대해 상대적인 개체를 일컫는 용어로서 '국민', '공민', '시민' 등의 용어는 일상 생활에 혼재되어 사용되고 있다. 중고등학교의 사회과 과목인 '공민公民'은 정치, 경제, 사회 전반에 대해서 가르치는 과목이다. 전전에는 '공민과公民科'라는 이름으로 존재했었다. 전후에 성인을 대상으로 한 사회교육의 일환으로 만들어진 지역의 커뮤니티 공간인 '공민관公民館'은 그 초기 구상이 전전의 내무성의 발상에서 비롯된 것으로 전해진다. 드럭 스토어생활용품점의 상호명으로 쓰이고 있는 '고쿠민国民, kokumin'은 이것을 상호명으로 쓴다는 것에서도 알 수 있듯이 일상 생활 속에서 '국민'이라는 용어는 친숙하게 접할 수 있다. 현재도 영업을 하고 있는 '고쿠민'은 1935년에 창업되었다. 일본의 시계 메이커 '시티즌Citizen'은 1918년에 설립된 일본의 유명한 시계 브랜드 중의 하나이다. 회

사의 홈페이지에 들어가보면 "시민에 사랑받고 시민에 공헌한다市民に愛され市民に貢献する"라는 캐치 프레이즈를 내걸고 있다. 신사복을 의미하는 일본어 '세비로背広,せびろ'라는 단어도 이 시기에 생겨났는데 그 유래에는 여러가지 설이 있지만 가장 유력한 설로서 군복에 대하여 평상복을 의미하는 영어 'civilian clothes'의 'civilian'에서 비롯되었다.

오늘날 흔히 접하는 '국민', '공민', '시민'은 일본이 근대화되는 시기에 번역 · 도입되었다. 그러나 1990년대까지 일본에 '시민', '시민사회'라는 개념은 뿌리내리지 못했다. 공적 영역에서 정당성legitimacy을 획득한 용어로서 정착되지 못했다. 90년대 이후 '시민'과 '시민사회'의 세계적인 발흥의 시기를 맞이하기까지 일본에 있어서 '시민', '시민사회'에 대한 논의는 왜 정착되지 못하였을까? 일본에서 국민국가의 형성과 근대적으로 자립한 시민의 확립이라는 구도를 생각할 때 일본에서 그것이 왜 특수했는가에 대한 논의를 통해서 전후 전개되어 온 역사가 일상의 의식에서 과연 전전의 유제를 끊어낼 수 있었는지 추찰할 수 있다.

신민臣民, 공민公民, 국민国民, 인민人民, 시민市民 등 국가에 상대되는 개체를 일컫는 단어들은 역사를 통해 시대를 반영하며 그 쓰임에 부침浮沈이 있었다. '시민'이라는 번역어가 처음 일본에 도입된 메이지 시기 이후 사회주의자와 내셔널리스트에 의해서, 그리고 천황제를 중심으로 한 제국일본의 대외팽창정책이 전개되는 가운데 시민, 시민사회에 대한 논의는 배제되었다. 전후 시기 일본의 사회과학 논의의 중심을 이루어온 마르스크주의의 지배적인 영향력 속에서 그리고 보수주의자들의 터부 속에서 배제되어왔다. 그 흐름을 개괄함으로써 일본에 있어 시민사회가 일상·문화적 영역에서 국가로부터 자립한 자율적 영역으로서 권력에 대응할 수 있는 존재로서 자리매김할 수 있었는가를 생각해본다.

국가에 대한 사회적 인간의 존재 양식을 지칭하는 용어 자체가 곧 사회의 현실을 말해주는 것은 아니다. 그러나 이러한 용어들은 일상생활의 국민 의식, 당대의 지식인의 의식, 혹은 지배자의 의식 등을 일정 범위 내에서 담아내고 있다고 할 수 있다. 우리가 일상 생활에서 사용하는 개념들, 용어들이 사회 속에서 주류로 부상하다 사라지거나, 혹은 정착이 지연되거나 하는 것은 사실은 그 과정이 정치화되어 있다는 것을 알려주는 것이다. 즉 누가 무엇을 중시했는가를 알수 있는 하나의 지표가 되는 것이다.

국민, 공민, 시민 중에서 '시민'이라는 용어가 시민사회의 기본 구성원으로서 국가로부터 사회의 자립, 전근대적 공동체와의 관계에서의 개인의 자립을 의미한다고 할 때, 일본에서 '시민'이라는 용어가 사회적으로 보편성을 획득하게 되는 과정은 일본의 근대가 제국주의적 경로를 더듬어 왔다는 측면에서 역사적 경위를 살피는 의의가 있다. 근대적 의미의 '시민', '시민사회'의 수용 과정을 들여다 보는 것은 절대주의적 국가의식이 강했던 제국주의시기의 일본으로부터 얼마만큼 변화했는가를 가늠하는 바로미터barometer이다.

현대 일본의 일상생활 속에서 쉽게 접할 수 있는 용어들은 그 연원을 거슬러 올라가면 일본의 근대화 시기에 다다르게 된다. 그러나 이러한 용어들의 도입, 정착은 동일한 의미에서 동일한 비중을 갖고 이루어지지 않았다. 특히 '시민'이라는 용어는 근대화 초기 번역어로서 도입되었지만 제대로 정착하지 못했다. 본고에서는 근대적 의미의 '시민'이라는 개념이 90년대에 이르러서야 정착하게 된 경위를 살펴본다.

2. 전전의 신민, 공민, 국민 그리고 '시민'

메이지 초기 '국민'이라는 말은 널리 인식된 말이 아니었다. '인민'이라는 말이 보통의 일반 사람들이라는 'people'의 번역어로 쓰이던 시기였기 때문에, 이후 '국민'이라는 말이 쓰일 때는 '인민'이라는 말과 의도적으로 구별해서 사용되었다. 국가와의 관계에 있어서 '주체적인 의미'가 부여된 인민으로서의 의미를 지니게 되었다. 후쿠자와 유키치福沢諭吉가 『문명론지개략文明論之概略』1875에서 '국민'을 언급했을 때는 하나의 이상적인 상으로서 국민을 만들어 놓고 계몽하기 위함이었다. 자유민권운동의 선구자인 우에키 에모리植木枝盛는 국가에 관여하고 그 담당자가 되어서 국가를 구성하는 성원의 자격을 갖추었을 때 '국민'이 된다고 하였다가노(2011).

메이지 정부는 1872년 열강을 의식해서 계몽사상을 북돋우기 위해 '국민'으로서의 의식화를 위해 이 단어를 사용하기 시작했다. 입헌 체제의 도입으로 권리와 의무의 주체로서의 '국민'을 강조하기 시작한 것이다. 이와 동시에 메이지 정부는 '신민'이라는 용어도 사용하기 시작한다. 1881년 「국회개설 칙유国会開設之勅諭」, 1882년 「군인칙유軍人勅諭」, 1886년 「학교령学校令」, 1890년 「교육칙어教育勅語」를 통해서 신민으로서의 이념을 주입하고자 하였다. 이후 1889년 2월 「대일본제국헌법」에서는 제1장

「천황」 다음에 제2장「신민의 권리와 의무」를 규정한 장을 두었다. 일반 국민에게 천황에 대한 자발적 복종심, 국가주군에의 종속과 일체감을 주입하여 신민으로서 통합, 결속하려는 의도가 있었다鹿野 1971.

'신민'과 '국민'이 함께 사용되다가, 1894~1895년 청일전쟁으로 문명국으로서 대외적으로 일본의 우위를 강조할 필요가 있을 때 '주체성'을 갖추었다는 의미에서 '국민'을 강조하는 분위기가 생겨났다. 그리고 1904~1905년 러일 전쟁 이후 대내적으로 사회주의, 무정부주의 등의 서양 문명의 유입에 대해 민족적 정신을 지키고 민심 통합을 위해 국민 도덕의 수립과 일본 국민의 통일을 기할 필요가 있을 때 '신민'이 강조되었다. '충군애국'과 '조상 숭배, 가문 명예 중시' 등의 가치를 강조하며 국민의 심리적 통합을 이끌어내는 데 사용되었다가노 2011.

1930년대 아시아 태평양 전쟁기에 접어들면서 '국민'이라는 말은 '국민정신총동원'에서 알 수 있듯이 이데올로기적 강제성을 내포하게 되었다. 특히 '국민'은 서양 사상을 배격하기 위한 지렛대의 역할을 하게 되었다. '국체'를 중심으로 한 상하 협력과 화합을 이루는데 방해가 되는 사상인 마르크스주의, 개인주의, 자유주의 등의 사상을 내쫓기 위한 기치가 되었다. '개인' 본위를 억제하는 권위를 갖는 동시에 미국와 영국에 대항하고 이들에 대한 모멸을 증폭시키기 위한 기능을 하였다. 전시 체제하에서 '국민'을 통해 적국민에 대한 증오와 대항의식, 경쟁의식을 배양했으며, 이에 보조를 맞추지 않는 자는 '비국민非国民'으로 칭하며 낙인을 찍는 기능을 하였다가노 2011. 본래 '국민'이라는 단어가 가졌던 목표는 사람을 주체로 세우기 위한 것이었지만, 전시 체제하에서는 절대주의적 국가에 속박되어 황국민으로서의 사명을 주입하기 위한 것으로 변질되었다.

근대 일본에서 '공민'이라 할 때는 지방의 주민 교육의 의미에서 지방 개량운동, 즉 '자치민육운동'을 뜻했다. 이후 독일의 국민교육의 영향을 받아 문부성이 국가에 필요한 국민 양성을 목표로 공민 교육을 체계화하였다. 초기의 공민 교육은 자립적이고 자치능력이 있는 주민을 의미하였고, 공민 교육은 이러한 이상을 실현할 수 있는 인물을 양성하는 데 주안점이 두어졌다.

학교 교과과정에 '공민과公民科'가 처음 도입된 것은 1931년이다. 하라 다카시原敬로 대표되는 정당정치의 시대가 되어 1925년 남자보통선거제도가 정비되고, 1928년 제1회 보통선거가 실시된 것을 계기로 한다. 사회에 참가하는 구성원으로서 요구되는 지식, 소질을 키우기 위해 교육을 통해 다양한 사회문제를 능동적으로 해결하는 인간을 육성하는 것을 목적으로 하였다. 초기에 공민은 제국 신민이나 국민과는 달리, 지방자치활동과 국정에 관심을 가지고 적극적으로 참여할 것이 요구되는 인간상이었다.

그러나 1930년대 국내외 정세에 변화가 생기면서 기존에 공민교육이 강조하였던 인간상 및 가치관이 부정되고 국가와 천황제에 대한 충성의식을 강화하는 경향이 생겨나게 된다. 1937년 중일전쟁의 개시로 제국신민교육이 강조되면서 교과의 내용은 변하게 된다. 군부 및 우익세력에 기반한 파시즘 체제인 군국주의가 지배적인 이데올로기가 되면서 적극적인 팽창 정책을 실시하였고, 기존의 '공민과'를 중심으로 한 입헌 자치의 국민 교육에서 '수신과修身科'를 중심으로 한 황국신민교육이 강조되기 시작하였다. 기존의 공민과가 서양의 모방에 지나지 않는다는 비판이 일었고, 일본에 필요로 되는 것은 황실전통의 정신을 형성하기 위한 수신 교육임을 강조하였다. 1930년에 신설된 '수신 및 공민과'에서는 지방자치에 참가하기 위한 기본 능력 이외에 교육 칙어 및 국체 관념을 교육시키고, 충군애국이나 멸사봉공滅私奉公의 마음을 배양할 것을 강조하였다.李(2013) 1937년에는 공민과의 내용에 개정이 이루어져서, 정치와 관련된 지식 이외에 공민적 덕성, 대국민으로서의 자질을 육성하는 역할이 부과되어 점차로 황민화 교육을 목표로 하여 "국체를 분명히 하여 국민정신을 함양"하는 것으로 전환되었다李 2013.

'공민'은 초기에는 시정촌의 자치를 담당하고, 일정의 권리와 의무를 갖는 자라는 의미로서 도입되었으나, 이후 국내외 정세의 변화, 국가 통치 방침에 흡수되어 국가와 사회 조직의 일원으로서 사회적 연대 책임을 갖는 자로서 확대된 의미를 갖게 되었다. 전시기에는 '멸사봉공'으로 요약되는 황국신민으로서의 의미를 갖게 되었다. 즉, 공민은 국민, 신민, 황민과 동의어로서 강조되었다고 볼 수 있다.

이와 더불어 '시민'이라는 단어도 메이지 시기에 쓰이기 시작했다. 이는 몇몇 지식인들의 문헌 속에서 찾아볼 수 있다. '시민'이라는 단어가 처음 문헌에 나타난 것은 후쿠자와 유키치의 『문명론지개략』1875을 통해서였다. 당시 'citizen'의 역어로서 '서인庶人, 일반대중', '마을사람市井ノ人', '주민住民', '도부의 사람都府ノ人', '부중의 주민府中の住民' 등의 다수의 역어가 존재했는데, 후쿠자와는 그의 저서에서 '시민市民'을 처음 사용했다. 여기에서 그는 단순히 특정 도시의 주민이라는 의미에서 '시민'을 사용했다山口(2004) : 25~26.

이외에도 1895년明治 28年에 도쿠토미 소호德富蘇峰가 청일전쟁 이후에 국민교육의 양상에 대해 쓴 평론에서 '시민교육'에 대해서 논하면서 자치, 공공심, 입헌 사상이 시민에 필요한 규정이라고 제시하였고, 1903년 가타야마 센片山潛이 『도시사회주의都市社会主義』라는 저서에서 자치체에서 자치의 주체로서 '시민'을 강조하기도 했다. 그러나 1910년대에 들어서면서 '시민'을 대신하여 '공민'이 사용되었다山口 2004 : 29.

이후 서구 근대 사상에서 유입된 개념으로서 '자립한 개인'을 뜻하는 '시민'이라는 단어는 이데올로기적 대립 속에서 자리잡지 못하였다. 사회주의자들은 근대자본주의 발흥기에 농촌부에서 쫓겨나 자신의 노동력에 의지해 살아가는 비참한 노동자들의 생활을 고발하며, 서구 부르주아 사회, 자본주의 사회에 대해 비판하였다. 국가주의자들은 메이지 초기부터 시작된 근대 서구 문명의 침투가 미풍양속醇風美俗에 뒷받침된 전통적 공동체를 파괴하는 것에 대한 위기감을 느끼고 일본에 익숙하지 않은 '개인주의'를 고발하였다. '시민'이라는 개념이 당시 지식인들에게는 '서구의 근대'에 대한 동경을 의미하면서도, 그에 대한 반발을 불러일으키는 개념이기도 했다. '서구의 근대'에 대한 사회주의자와 내셔널리스트의 비판이 지배적인 상황이었다. 이후 군부 파시즘기에 접어들어서는 '개인주의'는 '사회주의'의 온상으로 여겨지고 '멸사봉공'이 강제되었다山口 2004 : 28.

3. 전후의 '시민'

패전 직후의 일본 사회과학계에는 마르크스주의가 우월한 영향력을 행사하고 있었다. 마르크스주의 정통파는 '시민'이라고 할 때 계급 대립을 전제로 한 자본가 계급의 계급적 권력으로서 인식하고 부르주아 계급과 동일시하였다鈴木 1951. '시민사회'라고 할 때 이는 부르주아 사회이며, 극복해야 할 대상으로 여겼다森 2020 : 96. '세계 시민'이라고 할 때 이는 다국적 기업의 자본가들을 의미하는 말로 사용되었고, 마루야마 마사오丸山眞男는 '세계 시민'을 정치적 무관심 및 이기주의의 동의어로 사용하였다. 마루야마는 이상적으로 생각하는 근대적 인간상을 가리킬 때도 '국민'이나 '공민'이라는 용어를 사용했다오구마 2019.

패전 직후 일본 사회의 다수는 농촌에 살고 있었고, 도시라고 해도 대다수가 일용직 노동자이거나 자영업자인 상황에서 '시민'이라는 말은 적합하지 않았다. 저널리스트, 지식 사업자 등 안정된 수입이 보장된 고학력 엘리트층은 소수에 불과했다. 계층 격차가 현저한 상황에서 '시민'은 일반화되기 어려웠다오구마 2019. 노동운동을 주도한 지도자들도 민주주의 운동의 중심으로서 어디까지나 노동자를 내세웠지 '시민'을 그 대상으로 삼지는 않았다. 진보 진영의 지식인이 '시민'이라는 말을 긍정적으로 사용한 것은 1960년대에 이르러서이다森 2020 : 97~98.

전후 시기동안 보수 정치가에게 있어서도 '시민'이라는 단어는 터부시되었다. 자민당의 지지 기반이 농촌이 중심인 상황에서 '시민'이라는 말은 지지 기반을 포괄하는 용어는 아니었다. '시민'이라 할 때 야당이 기반으로 하는 도시 지역의 유권자로 여겨지는 측면이 있었다.

전후 사회과학이 마르크스주의를 중심으로 전개된 것과 60년대 '시민운동'의 성격이 '반정부적'이었다는 측면에서 보수 우파에게 있어서 '시민'은 위화감과 더불어 기피되는 단어였다. 보수적 논자들은 전후의 '시민', '시민사회'의 논의가 좌파적 편향을 가지고 있는 전후 사회과학의 영향하에 있었다고 생각했다佐伯 1997. 오츠카 히사오大塚久雄, 마루야마 마사오 등 전후 사회과학의 방향을 결정한 이들이 서양의 근대적 인간 유형으로서 자유, 평등, 인권 등의 관념을 소개하고 일본사회의 후진성을 '시민의식의 미성립'에서 찾았기 때문이다. 그리고 이들의 이러한 인식은 마르크스주의의 영향이라고 보고 절대 권력에 대한 시민에 의한 저항, 즉 혁명의 유무로서 근대적 시민사회의 형성을 논하고 있다고 보았다. 마르크스주의의 영향력 하에 있었던 전후 일본의 사회과학의 역사관에 따라 절대권력에서 해방된 개인, 공동체의 구속에서 해방된 개인을 '시민' 그 집합을 '시민사회'라고 보았다.佐伯 1997 : 59 사에키는 '시민'이나 '시민사회'도 결국에는 사회주의사회에 있어서 프롤레타리아트로 존재한다고 보는 마츠시타 케이치松下圭一 1966의 견해를 인용하면서 시민사회 논의의 좌파적 편향성을 지적한다.

60년 안보에서 시작된 시민운동'べ平連'은 정파적인 운동전공투계의 급진적인 운동, 노동운동, 공산당 산하의 여타 운동 등과 달리 자유롭고 평화롭고 유연한 '반정부운동'으로 평가되었다佐伯 1997 : 42. 또한 이 시기 시작된 시민주의는 도쿄도에 혁신의 미노베美濃部亮吉, 1967지사를 탄생시켰고, 요코하마시에서는 사회당의 아스카타飛鳥田一雄, 1963시장을 탄생시켰다.

한편 패전 직후 일본사회의 재건과 민주화 개혁을 위한 논의가 활성화되면서 '국민' 이나 '공민'이라는 용어가 다시 중심적인 위치를 차지하기 시작했다. 보수주의자들은 '시민'보다는 '국민'이나 '공민'이라는 용어를 더 선호했다. '공민관'의 설치가 논의되었고, '공민' 교과의 편성이 이루어졌다.

전후 민주화 개혁의 일환으로 실시된 교육개혁 속에서 설치된 '공민관'은 그 구상의 배경에 제국일본의 황국민의 육성이라는 내무성의 발상과 연결되는 측면이 있었다. 패전 후 GHQ점령 하에서 민주화 개혁의 추진을 위해 맥아더 연합국군 최고지령관의 요청으로 발표된 교육개혁의 방침 속에는 민주주의 사회의 구성원인 국민 형성에 있어서 광범한 성인교육에 관한 계획이 필요하다고 언급되어 있었다. 그러면서 학교의 개방이나 확장, 공공도서관, 박물관 등의 시설에 관해 구체적으로 언급되어 있었다. 그러나 '공민관' 같은 시설에 관한 것은 언급되고 있지 않았다. 공민관 설치는 1946년 5월 문부성이 '신교육방침' 속에서 발표하였고, 교육의 민주화를 목표로 한 교육개혁 속에서 사회교육을 담당할 한 시설로서 '공민관'을 언급하였다. 공민교육을 담당할 중심적 시설로서 '공민관'을 언급하였고, 공민교육의 정의로서 국가·사회를 구성하는 일원으로서 '공민'을 위한 교육, '공민'에 필요한 지식이나 기능, 성격을 갖추게 하는 것을 목적으로 한다고 강조하고 있었다. 여기서 중요한 것은 '공민'에 대해서 민주적인 사회를 형성하는 권리의 주체로서의 '시민'의 의미는 약하고, '공민교육'을 받는 객체로서 파악되고 있는 점이다菅井 1986 : 50~51.

특히 패전 직후의 사회교육시책의 주요 방침이었던 '국체호지国体護

持', '국민도의国民道義의 앙양昂揚'이라는 항목을 주목할 필요가 있다. 이것은 민주화 정책이 전개되어 가면서 서서히 그 모습을 감추게 되나, 문부성 대신 오타 코조太田耕造가 1945년 8월 15일에 발표한 '훈령' 속에 '국체호지'를 언급하고 있었던 점이나, 9월 15일 문부성이 공표한 '신일본 건설의 교육방침' 속에도 '국체호지'와 '군국적 사상 및 시책의 불식'을 그 방침으로 표방한 것을 주목해야 한다. 이것은 전전으로부터의 관제적 사회교육이 갖는 '교화적 성격'을 계승하고 있다고 볼 수 있는 것이다. 1946년 7월 '공민관'에 대한 문부차관통첩通牒이 전전으로부터의 성격을 계승하고 있었다는 점과 이후 전개된 사회교육 시책의 일련의 흐름은 '전전의 조직양식'을 크게 벗어나지 못한 상태에서 진행되어 왔다는 것을 의미한다는 것이다菅井 1986 : 49.

또한 '국민도의国民道義의 앙양昂揚'에서 '도의道義'라고 하는 언설은 제국일본이 서구제국주의에 대해 대항 논리로서 내세운 것으로서 특히 중일전쟁과 태평양 전쟁 발발을 계기로 하여 폭발적으로 사용하기 시작한 언설이다姜 2012 : 75. 국가 이념으로서 '도의'라는 단어는 개인의 사적 영역에서의 도덕이 아닌 '국가적 공공성의 규율 권력이 개입하는 정의正義'라는 개념이 포함된 단어이다. 제국일본이 추구한 것은 '도의국가'이며 이것은 '공공성'이라는 것이 국가 레벨에서만 의미를 지닌다는 뜻이다. '도의'라는 언설은 일본의 지배 엘리트들의 사고방식에 공통된 것으로 전후에도 한동안 '도의국가 일본의 건설'이라는 언설 등으로 사용되어 왔다姜 2012 : 84.

'공민관' 구상의 근본적 사고에는 말 그대로 '공민'을 육성한다는 쪽에 무게가 두어져 있다. 국가와 사회가 요구하는 사안에 대해서 '우리의 일'로서 받아들이도록 '공민적 인격'의 양성을 목표로 하는 것이었다. '공민관'과 '공민'으로서의 국민이라는 관계의 설정은 천황제 국가 하에서 국가에의 봉사라고 하는 정신과 연결된 황국민의 육성이라고 하는 것과 통한다고 볼 수 있는 것이다. 결국 공민관은 전전의 내무성의 발상과 닮았으며, 근본 사고방식은 교화적 의미가 강한 사회교육의 관점을 계승했다는 점에서 전전적인 사고 방식을 이어받은 것이라고 할 수 있다菅井 1986 : 55.

1990년대 들어 민주당과 사회당은 '시민의 정당'으로서 정당의 정체성을 규정하고 표방하기 시작했다. 특히 민주당은 '시민'을 캐치프레이즈로 내걸고 지지기반을 확대하려고 하였는데, 이에 대해 자민당 전 수상이었던 나카소네中曽根康弘는 '시민'을 비판하는 입장을 피력하였다. 그는 '시민'이라는 단어를 강조하는 배경에 '국민'이라는 말을 싫어하는 심리가 있다고 주장했다. 그러면서 그는 '시민'이라는 관념적이고 추상적인 단어보다 정치에 있어서 정치가와 신뢰관계를 나타내는 단어로서 '서민庶民'이라는 단어를 써야 한다고 말했다. 그러나 일본에서 '서민'은 정치적으로는 지배권력에 순종하면서 수동적인 측면을 강하게 나타내는 '신민'의 의미를 내포하는 것으로 해석된다千葉 2002 : 129 일본의 보수 정치가는 부당한 권력 행사에 대한 이의제기 등 정치적으로 능동적 의미를 내포하고 있는 '시민'이라는 용어에 대해서 불편함을 드러내면서 지배권력에 순종적이고 수동적인 의미를 지녀온 역사적 경위가 있는 '서민'이라는 용어를 선호한 것이다.

4. '시민'의 정당성 획득의 지체

사회적으로 유통되는 '개념'들은 역사적 경위를 통해 사회의 허용 범위안에서 '정치화'되어 간다. 정치 사회적으로 상호작용하는 과정에서 취사선택되면서 부침을 겪는 것이다. '인민人民'이라는 단어의 경우, 일반적으로 '국가, 사회를 구성하는 사람'의 의미로 'people'의 번역어이다『広辞苑』(第5版); 加藤 2002 : 29. 중국 등 동아시아에 있어서 '피치자 신분'을 의미하기도 하고, 근대 일본에서 천황제 확립 전까지 자유민권파는 이를 정치적 주체로서 사용하였다. 사회주의국가 등에서 인민이라는 단어는 대중mass과 구별하여 '주체적 성격'이 강조되어 왔다. 전후에 일본공산당은 '국가에 의해 지배되고, 억압되고, 착취되고 있는 계급'으로서 '혁명을 수행하는 능력을 갖는 사회적 · 정치적 세력의 총칭'으로서 사용하였다. 그러나 1989년 베를린 장벽의 붕괴와 더불어 '인민'의 정의는 계속 변화하여 '국민'과 동의어로서 사용되었다. 2000년 이후 일본공산당의 선거운동에서 이제 '인민'이라는 단어는 더 이상 나오지 않게 되었다. '인민'이라는 단어는 전후 시기 일본에서 좌익적 용어로 사용되다가, 지금은 공산당 조차도 사용하지 않게 된 것이다加藤 2002 : 32.

한편, 한국에도 식민지 시기 일본으로부터 '공민'이라는 개념이 도입되어 해방 이후에도 정부의 교육이념교육법 제1조, 1949년 12월 31일에 '공민으로서의 자질'이 명시될 정도로 영향을 받았다. 그러나 부단한 민주화 운동을 통해서 정부의 교육이념교육기본법 5437호, 1997년 12월 13일에 '민주시민으로서 필요한 자질'이 명시됨으로써 '공민'이라는 관제적 · 국가주의적 용어가 삭제되고 참여와 저항의 주체를 의미하는 '시민'이 자리잡게 되었다 정상호 2012.

일본에서 1998년 NPO법 제정과정에서 법안 조문에 '시민'이라는 단어를 한 군데만 남기고 삭제하고 모두 '특정비영리활동'이라는 명칭으로 대체되었다. 국가 앞에 책임과 의무를 강조하는 '국민'만이 있을 뿐이라는 보수 정치가의 저항으로 '시민'의 활동을 지칭하는 법안에 '시민'이 정착하지 못한 것이다. 국가를 상대화하면서 근대적 의미에서 자율적이고 자립한 '시민'이라는 단어가 정착하지 못했다는 의미이다. '국가와 사회에 봉사'하는 의미에서의 시민, '특정하게 규정된 활동 범위' 내에서의 시민만을 공식적으로 인정하고 싶어하는 의도가 반영된 것이다.

'개념'을 통해서 정치적·사회적 행동단위가 구성된다고 볼 때, 개념을 통해서 행동이 제한되고 개념을 통해서 자기와 타자를 구별하게 된다. 어느 집단이 행동단위를 나타내려면 그 집단은 '개념'을 통해서 스스로를 재인식하고 규정해야 한다. 개념이 행동을 만들어내기도 하는 것이다. 이러한 코젤렉Koselleck 1998의 논의에 따르면 일본에 있어서 '시민' 개념의 정착이 지연된 것은 그러한 행동을 만들어 낼 행동단위들의 출현에 저항하는 '정치화'된 작용의 결과로 볼 수 있다.

국가 앞의 상대적 개체를 지칭하는 용어로서 '시민', '공민', '국민' 등의 단어는 이들을 동원하고자 하는 권력 주체의 의도에 따라 달리 사용될 수 있다. 특정 개념을 갖는 단어는 그 단어에 이해 관계를 갖는 세력에 의해서 사용되다가 시대의 정치적 맥락과 상황이 바뀌면 탈락되어 가는 과정을 거친다. 전전에 만들어진 용어가 현재까지 여전히 남아서 사용되고 있다면, 그 용어에 이해관계를 가진 세력이 여전히 건재하다는 의미이거나 내용이 바뀌었거나 형식만 남아있을 수도 있다. 전후 일본에서 국민과 공민이 자리잡은 상태에서 '시민'이라는 개념의 정착이 지연된 것은 이러한 맥락에서 이해될 수 있을 것이다.

참고문헌

가노 마사나오, 임성모·서정완·송석원 편, 「근대 일본에서 '국민' 개념의 변천」 『제국일본의 문화권력』, 소화, 2011.
라인하르트 코젤렉, 한철 역, 『지나간 미래』, 문학동네, 1998.
오구마 에이지, 조성은 역, 『민주와 애국』, 돌베개, 2019.
이시다 다케시, 한영혜 역, 『일본의 사회과학』, 소화, 2003.
정상호, 「동아시아 공민 개념의 비교 연구」, 『동북아연구』, 2012.
차조일, 「번역어 '공민'과 사회과 교육」, 『시민교육연구』 50-3, 2018.
한스 울리히 굼브레히트, 라인하르트 코젤렉·오토 브루너·베르너 콘체 편, 원석영 역, 『코젤렉의 개념사 사전 13-근대적/근대성, 근대』, 푸른역사, 2019.

植村邦彦, 『市民社会とは何か』, 平凡社新書, 2010.
頴原(えばら)善徳, 「近代主権と立憲性」, 山口定, 『現代国家と市民社会-21世紀の公共性を求めて』, ミネルバ書房, 2005.
小熊英二, 『民主と愛国』, 新曜社, 2004.
小関素明, 「近代日本における公権力·立憲制·ナショナリズム」, 山口定, 『現代国家と市民社会-21世紀の公共性を求めて』, ミネルバ書房, 2005.
鹿野政直, 「臣民·市民·国民」, 『近代日本政治思想史』 I, 有斐閣, 1971.
加藤哲朗, 「人民」, 『国家と人間と公共性』, 東京大学出版会, 2002.
姜海守, 「帝国日本の「道義国家」論と「公共性」-和辻哲朗と尾高朝雄を中心に」, 『アジア文化研究』 第38号, 2012.
佐伯啓思, 『「市民」とは誰か』, PHP新書, 1997.
________, 「国家·国民·公共性」, 『国家と人間と公共性』, 東京大学出版会, 2002.
坂本多加雄, 「国民·皇民·公民」, 『国家と人間と公共性』, 東京大学出版会, 2002.
菅井和子, 「公民館の設置運営に関する研究-公民館の誕生」, 『教育学雑誌』 第20号, 1986.
杉田敦, 「市民」, 『国家と人間と公共性』, 東京大学出版会, 2002.
鈴木安蔵, 「共産主義の政治的世界観」, 『日本及日本人』 5月号, 1951.
住友陽文, 「近代日本の都市自治論の再生」, 山口定, 『現代国家と市民社会-21世紀の公共性を求めて』, ミネルバ書房, 2005.
高畠通敏, 『生活者の政治学』, 三一新書, 1993.
千葉眞, 「市民社会·市民·公共性」, 『国家と人間と公共性』, 東京大学出版会, 2002.
福沢諭吉(1875), 戸沢行夫 編, 『福沢諭吉著作集第4巻』, 慶應義塾大学出版会, 2002.
文化政策学会若手フォーラム, 『日本における「市民」概念の変遷』, 中間報告, 2010.

松葉正文,「市民社会と現代日本社会」,『立命館産業社会論叢』, 2012.
森政稔,『戦後「社会科学」の思想』, NHKブックス, 2020.
山口定,『市民社会論:歴史的遺産と新展開』, 有斐閣, 2004.
ロバート・ペッカネン,『日本における市民社会の二重構造-政策提言なきメンバー達』, 木鐸社, 2008.
李宛惠,「戦前日本における公民教育に関する研究」,『国際日本研究』第5号, 2013.

제2부

동아시아

경계와 길항의 공간

'숨는' 신체
오키나와문학에 있어서 저항과 갈등
무라카미 요코

마시호真志保의 말과 마주하다
마크 윈체스터

'이름'과 씨름하는 재일코리안의 일상
김웅기

'숨는' 신체*

오키나와沖縄문학에 있어서 저항과 갈등

무라카미 요코

1. 들어가기

오키나와沖縄문학이란, 오키나와에 있어서 분명하지 않은 언어, 말하자면 근대적인 가치관 획득이나 일본으로의 동화同化를 위해 습득된 공통어로 쓰여진 문학이다.[1] 1872년 류큐번琉球藩 설치로부터 1879년 오키나와현縣 설치까지의 소위 '류큐 처분' 이후, 오키나와는 일본의 한 지방으로 편입되어 있었다. 사회적, 제도적, 언어적 편차를 일거에 해소할 것

---

* 이 글에서 사례로 든「귀갑묘」,「눈 속의 숲」,「운주가 나사키」의 해석은, 기존의 논문「沖縄戦後文学探訪 2, 仲程昌徳,『沖縄文学の魅力ー沖縄の作家とその作品を読む』に学ぶ大城立裕文学の読み方」(『越境広場』第9巻, 2021.7);「目取真俊,『眼の奥の森』ー「戦後」なき島で痛みを生きる」;「紅野謙介 · 内藤千珠子 · 成田龍一編,『「戦後文学」の現在形』(平凡社, 2020.10),「イクサの記憶を生きる身体ー崎山多美,「うんじゅが, ナサキ」論」(『沖縄国際大学日本語日本文学研究』, 第25巻 1号, 2021.2)을 일부 중복하고 있다.

을 요구받은 오키나와에서는 근대적 관념의 언어로써 일본어 취득이 시급하였다. 일본어를 배운 오키나와 사람들에 의해 단가短歌나 하이쿠俳句, 시詩 등이 우선적으로 만들어졌지만, 소설은 메이지明治 말기에 이르러 등장하였다.[2]

메이지 시대부터 아시아 · 태평양 전쟁에 이르기까지 오키나와문학은 일본 중앙문단에 세찬 영향을 받으며 전개해 나갔다. 그러나 전후戰後 오키나와는 미군 점령하에 처해져, 일본이라는 국가로부터 분리된 상황 속에서 종래의 문학이나 사상을 재검토하게 된다. 그리고 점령자로서 본색을 드러낸 미국의 모습 또한, 점령하에서 쓰여진 시나 소설 속에 깊이 각인되었다.

오키나와문학에 미군을 향한 저항이 명확히 보이기 시작된 것은, 1953년에 「류큐대학 문예클럽琉球大学文芸グラブ」이 발간한 기관지 『류큐대학』 발행 이후의 일이다. 『류큐대학』 동인은 오키나와 전세대의 문학을 비판하고, 국민문학론의 영향 등을 받으며 새로운 문학 창작을 호소하는 것과 함께, 미군에 의한 강제적 토지 수탈 등에도 저항해 갔다. 1952년 4월, 샌프란시스코 강화조약 발효에 따른 행정주석을 중심으로 한 류큐

1 류큐제도에서 생성된 류큐어에 의한 문학이 류큐문학이라고 불리어진 것에 반해, 메이지 이후 오키나와에서 공통어에 의해 쓰여진 문학은 류큐문학이라고 이름 붙여져서 전근대 류큐문학과는 다른 장르로 취급되고 있다.

2 오키나와 출신자가 쓴 소설이 일본 문단에 등장한 것은, 『호토토기스(ホトトギス)』에 발표된 야마시로 세이츄(山城正忠)의 「9년 어머니(九年母)」(1911)가 최초이다. 나카호도 마사노리(仲程昌德)의 「오키나와오문학 100년(沖縄文学の一00年)」(borderink, 2018)에서는 '오키나와현(県)'으로서 일본에 편입된 후, 오키나와에 있어서 일본어에 의한 문학표현이 성행하게 되었던 1910년 전후부터 2000년대까지의 문학 흐름이 정리되어 있다.

정부가 발족되지만, 강화 발효 후에도 미군 점령은 계속되고, 오키나와 자치권도 제한되어 있었다. 반공反共 정책을 강화했던 미군은 『류큐대학』 또한 탄압의 대상으로 규정하고, 단속을 엄하게 하던 과정에서 대학은 학생들의 활동정지처분이나 관계자의 퇴학처분 등을 내렸다. 그 결과, 학생들은 점차 정치적 주장에서 개인의 내면 중시로 자세를 전환시켜 나갔다.[3]

1960년대에 접어들면, 오시로 다쓰히로大城立裕가 「칵테일 파티」1967로 제57회 아쿠타가와상芥川賞을 수상하였다. 이 작품은 미군 점령하의 오키나와를 무대로 하여 오키나와 출신인 주인공이 미군인이나 중국인 변호사, 일본인 신문기자들과 함께 중국어 써클을 결성하여 친선을 도모하는 모습이 그려진 전반부와 주인공 딸이 안면 있는 미국 병사에게 폭행당한 사건이 일어나는 후반부로 구성되어 있다. 미군 점령하에서 오키나와의 모순을 그린 것이 일본 문단에 있어서도 높게 평가된 것이다. '문학 불모의 땅'으로 불리웠던 오키나와에서 처음으로 아쿠타가와상 수상자가 나온 것은 전후 오키나오문학에 커다란 자극을 주었다. 또한 일본으로 복귀되기 전년도에는 미국 병사를 상대로 하는 성매매 여성들이 대다수 일하는 마을에서 살아가는 소년의 시선으로 점령하의 오키나와 일상을 그린 히가시 미네오東峰生의 「오키나와 소년オキナワの少年」1971이 제66회 아쿠타가와상을 수상하였다.

3 「류큐 문예클럽(琉球文芸クラブ)」(제4호부터 류큐대학 문예부)에 의해 간행된 『류큐대학』은 1953년 7월 창간 이래 휴간과 정간을 반복하면서 제34호(1978.12)까지 간행되었다. 현재는 『류큐대학』(전 5권, 不二出版, 2014)으로 복간되어 있으며, 그 발자취를 찾는 것이 가능하게 되었다.

1972년 오키나와의 일본 복귀를 거쳐, 복귀 후 오키나와의 상황을 그린 작품이 나오게 된 것은 1970년대 후반 이후이다. 극단 '창조創造'에 의해 현縣 내외로 성황리에 상연된 지넨 세이신知念正真의 희곡 「인류관人類館」1976에서는 근대 이후 일본이 오키나와에 강요해 왔던 차별이나 동화의 역사가 매섭게 추궁받게 되었다. 또한 1970년대 후반부터 1980년대에 걸치면서 마타요시 에이키又吉栄喜, 메도루마 슌目取真俊이나 사키야마 다미崎山多美 등이 데뷔, 수많은 우수한 작품이 배출되면서 오키나와문학 전체가 전성기를 맞게 되었다.

1990년대에 들어서면 마타요시 에이키가 「돼지의 보은豚の報い」1995으로 제114회 아쿠타가와상을, 메도루마 슌이 「물방울水滴」1997으로 제117회 아쿠타가와상을 수상하여, 오키나와는 문학을 생산해 내는 장소로서 주목을 모았다.

2000년 전후부터 일본사회는 오키나와 붐으로 들끓어, '치유의 섬'으로서 오키나와 이미지가 소비되는 시대가 도래한다. 그러나 이와 같은 붐 속에 있어도 오키나와문학에는 소비되기를 거부하는 만만찮은 실천들이 있었다. 마타요시 에이키, 메도루마 슌, 사키야마 다미의 문학에 있어서는 오키나와 역사 속에서 비가시화되어 왔던 조선인 군부軍夫, 군대에서 허드렛일을 하는 인부나 위안부, 한센병 환자 등이 문학으로 소환되어, 오키나와에 주둔하는 미군 병사들이 갖는 트라우마나 차별 등의 아픔으로까지 상상력이 파급되고 있다.

이와 같은 오키나와문학의 계보에 있어서 저항의 언설 또한 복잡한 형태로 표출되어 왔다. 특히 1950년대 이후 문학작품에 있어서는 류큐

처분 이후 일본으로 동화되는 과정에서의 괴로움, 오키나와 전쟁의 처참함, 그 후 미군 점령은 어느 것이나 다 중요한 주제였다. 소설에 이들 주제가 소환되었을 때 저항은 강한 욕망을 형성한다.

그러나 현실 세계에 있어서는 오키나와와 미군 간에 경제적, 군사적으로도 압도적인 격차가 있었다. 그 때문에 오키나와에 있어서는 총파업이나 농성 등, 미군에 대한 비폭력 직접행동에 의한 저항은 끈기 있게 전개해 나갔다.

오키나와문학에서 글쓰는 이들이 폭력 혁명을 표현하지 않았던 것은 그와 같은 현실이 눈앞에 가로막혀 있었기 때문이다. 소설 속에서 그려진 점령자에 대한 저항은 개인적 · 순간적인 것에 머무는 경우가 많았다. 그러나 이것은 저항을 무의미하게 하는 것이 아니라, 오키나와에 있어서 폭력이라는 형태를 취하지 않는 저항의 사상으로 승화되면서 문학적 영위로 이어져 갔다.

한편, 최근에는 메도루마 슌이 「희망希望」1999이나 「무지개 새虹の鳥」2004에서 표현한 것처럼, 오키나와 사람이 미국인 유아를 유괴하여 살해한다는 저항폭력으로의 욕망 또한 오키나와문학에서 찾아 볼 수 있다. 그러나 이것이 단순하게 폭력을 긍정하는 것이라고 단정할 수 없다. 이 점에 관해서는 제2장에서 후술하고자 한다.

이 글에서는 저항으로써의 욕망을 가지면서도, 그 욕망을 실현하는데서 오는 곤란함에 놓여 갈등해 왔던 오키나와문학에 있어서 '숨다籠もる'라는 신체 본연의 자세가 반복적으로 표현되어 왔던 것에 주목해 보고자 한다. 오키나와 특유의 묘지나 오키나와의 언어로 가마라고 불리우는

자연동굴, 지하호 등은, 그와 같은 갈등을 가진 인물이 '숨는' 공간으로써 오키나와문학의 무대로 선택되어 왔다. 이들 공간은 모두가 오키나와 전쟁 때 군대나 주민 피난 장소가 되어, 그 중에는 '집단자결'[4]이 행하여진 가마도 있었다. 그 때문에 전후 작품에서 이들 공간은 전쟁의 기억과 함께 소환되고 있다. 따라서 등장인물이 묘지나 동굴, 지하호에 숨는 작품을 다루면서, 오키나와문학에 있어서 '숨다'라는 것이 어떠한 의미를 가지고 있는지를 고찰해 보고자 한다.

2. 함께 죽음共死에 이른다는 것 __ 오시로 다쓰히로의 「귀갑묘亀甲墓」

1925년 나카구스쿠손中城村에서 태어난 오시로 다쓰히로는, 17세 때 오키나와 현비県費 파견생으로 상하이로 건너가, 동아동문서원東亞同文書院 대학에서 배웠다. 그러나 패전함에 따라 대학은 폐쇄되고, 오시로는 1946년에 오키나와로 돌아오게 된다. 미군 통역이나 교원을 거쳐, 류큐 정부에 근무하게 된 오시로는 공무원 생활을 하는 한편, 희곡이나 소설을 발표하였는데, 2020년 95세로 사망하기까지 다수의 작품을 남겼다.

오키나와의 일본 복귀가 점차 현실화되면서 정치적 초점으로서의 오

4 '집단자결'은 일본군에 의한 강제나 유도에 따라 일어난 오키나와 주민의 집단 죽음(集团死)이다. 그 때문에 '강제 집단사'라고도 불리는 경우도 있다. '자결(自決)'이라는 말에는 당사자의 결정에 의한 자살이라는 의미가 포함되어 버리는 문제가 있지만, 오키나와에 있어서 오랫동안 이 용어가 사용되어져 왔던 것을 감안하여, 본고에서는 표시 ' '에 넣어 '집단자결'이라는 용어를 사용한다.

키나와 문제가 주목을 모으고 있던 1967년, 오시로는 「칵테일 파티」로 제57회 아쿠타가와상을 수상하여 오키나와 최초로 아쿠타가와상 수상 작가가 되었다. 「칵테일 파티」는 미군 점령하의 오키나와를 무대로 하여, 오키나와 출신의 주인공이 미군인이나 중국인 변호사, 일본인 신문 기자와 함께 중국어 써클을 결성하여 친선을 도모하는 모습이 그려진 전반부와 주인공 딸이 안면 있는 미국 병사에게 폭행당한 사건이 일어나는 후반부로 구성된 작품이었다.

그러나 오시로 자신은 「칵테일 파티」가 발간되는 1년 전에 발표한 「귀갑묘－실험 방언을 가진 어느 풍토기亀甲墓－実験方言をもつある風土記」1966(이하, 「귀갑묘」)[5]가 자신의 문학적 특질을 보다 잘 나타나 있다고 주장한다. 사실 「귀갑묘」에서는 「칵테일 파티」에서 보여지는 것과 같은 명확한 저항 의지는 표현되어 있지 않다. 오키나와 전쟁 당시를 무대로 하는 「귀갑묘」는 영문도 모른 채 묘지에 몸을 숨겨, 전쟁으로부터 도망치려 했던 한가정의 전말을 그린 이 텍스트는, 동시대적으로는 단순한 전장풍속을 표현한 것으로 치부되고 말았다.

"「칵테일 파티」보다 「귀갑묘」가 문학으로써 가치가 높다고, 저 자신 또한 예전부터 생각하고 있었으며, 현지의 많은 독자들 사이에서도 그렇

---

5 여기에서는 거의 다룰 수 없었지만, 「귀갑묘」는 그 부제로 「실험방언을 가진 어느 풍토기(実験方言をもつある風土記)」인 바와 같이, 방언사용에 심혈을 기울인 소설이다. 松下優一, 「「実験方言」再考－大城立裕の小説『亀甲墓』のテクスト改変をめぐって」, (『慶應義塾大学大学院社会学研究科紀要』 69号, 2010)이나 黒澤亜里子, 「崎山多美の文体戦略－「シマコトバでカチャーシー」を切り口に」,(しまくとぅばルネサンス』, 編集工房東洋企画, 2017) 등에는 이러한 문제에 관련하여 상세히 언급되어 있다.

다고 합니다. 일본 본토에서는 예상외의 일인 것 같습니다"[6]라고 언급한 작가 오시로 다쓰히로가 「귀갑묘」에서 그리고자 했던 것은, 오히려 오키나와의 독자적 민속이나 문화 문제였다. 오키나와와 일본 사이를 가로막는 깊은 장벽, 즉 오키나와에 대한 무지나 무관심에다 작품을 이해하지 못한다고 하는 생각이 여기에 베어 나와 있다.

「귀갑묘」에 그려진 오키나와의 민속 문화를 정면으로 마주 보며, 게다가 거기에 있는 문제성을 날카롭게 지적한 비평이 등장한 것은, 발표하고 약 20년이 지나고 나서의 일이다. 일본 근현대사를 전공한 역사가 가노 마사나오鹿野正直는 대작 『전후 오키나와 사상상戦後沖縄の思想像』아사히(朝日)신문사, 1987 제5장 「이화 · 동화 · 자립－오시로 다쓰히로의 문학과 사상異化 · 同化·自立–大城立裕の文学と思想」에서, 극히 중후하고 상세한 '오시로 다쓰히로'론을 전개하고 있다. 여기서 가노는 「귀갑묘」에 관해서 "선조先祖와의 이러한 공생관共生観은 선조와의 공사관共死観과 종이 한 장 차이밖에 나지 않는다"라는 근원적 비판을 하였다.

다시 확인하건데, 「귀갑묘」는 젠토쿠善徳 노인과 그의 후처 우시ウシ, 젠토쿠의 장남 초등학생 6학년 후미코文子와 4학년 젠슌善春, 젠토쿠의 딸 다케タケ, 다케와 전사戦死한 전 남편 사이에 태어난 5세 다미코民子, 다케의 연인이며 한쪽 팔을 잃은 에이타로栄太郎 7명이 전생을 피하려 선조가 잠든 귀갑묘에 몸을 숨긴다는 이야기이다.

이 일가가 묘지에 숨었던 것은 무엇보다도 우선 목숨을 부지하기 위

---

6 大城立裕, 「沖縄で日本人になること—こころの自伝風に」, 『大城立裕全集』 第12巻, 勉誠出版, 2002.

한 것이었음이 틀림없다. 그러나 오키나와 사회에 뿌리내리고 있던 전통이나 가치관을 중시하던 이 가족은 전쟁 중이라 하더라도 그것들은 완전히 내버려 둘 수 없는 채, 죽음을 향해 다가가게 된다.

후미코와 젠슌은 학교에서 황민화 교육에 세뇌당하고 에이타로는 일본군 병사로써 종군 경험을 가진다. 즉 '일본'적인 가치관을 내재화된 인물도 이 묘지로 피난해 와 있지만, 그들은 가끔씩 떠오른 의문이나 제안은 이 가족에 있어서 절대적 결정권을 가진 젠토쿠·우시 부부의 말 앞에 슬그머니 사라져 간다.

특히 한번 결혼해서 '집'을 나온 다케와 그 연인에 불과한 에이타로는, 이 묘지 안에서는 떳떳하지 못한 마음을 가지고 있다. 그리고 젠토쿠는 결국 두 사람의 관계를 승낙한다는 말도 없이 날아온 포탄에 맞아 죽음을 당했다. 우시는 젠토쿠의 마음을 헤아리면서, "아버지는 이미 너희들을 허락하고 떠난 것이니까. 너희들도 화장해 드린다면 효도를 다한 거야"라고 말하며, 젠토쿠의 장례식을 거행하기 위해 에이타로와 다케를 종중 묘지로까지 서둘러 보냈던 것이다.

이와 같은 가족의 모습에서 오키나와 집에 있어서의 가부장제 문제를 알아채는 것은 어렵지 않을 것이다. 다케와 에이타로가 젠토쿠로부터 눈엣가시 취급받는 것도 그들의 행위가 '집'을 위협하는 것이기 때문임이 틀림없다. 젠토쿠로부터 '발칙한', '요망한' 것이라고 비난받은 다케의 행위는 '집'의 논리에서 벗어난 것이며, 에이타로는 물론 다케와 다미코도 본래 젠토쿠의 묘지에 참가할 자격을 갖고 있지 않은 '집' 외의 존재인 것이다. 전쟁이라는 미증유의 사건이 없었다면, 완고한 '집'의 관습을 뛰어 넘어 젠토쿠 일가와 다케나 에이타로가 공동생활을 시작하는 것은 생각조차 할 수 없는 일이었다.

그렇다면 "세상이 멸망해도 즈시가메厨子甕, 오키나와현을 중심으로 서남 제도(諸島) 지역에 보여지는 뼈 항아리 진열이 무너지지 않는 한 생각조차 할 수 없다"라고 말할 정도로 절대적인 선조先祖란 어떠한 존재인 것인가? 젠토쿠와 우시가 나이 들어 재혼을 한 것에는 여러 가지 이유가 있었으며, 젠토쿠가 우시를 필요로 했던 것은 신변 시중과 제사 때문이었다. 그리고 우시는 이 세상이든 저 세상이든 거처할 것을 구하기 위한 재혼이었고, 그러한 생각은 다음과 같이 언급되어 있다.

50세를 넘기자, 뼈 **맡길 곳**을 생각하게 되었다. 친정에서도 어쩌다가 말을 꺼냈다. 이대로 친정에서 죽는다면 묘지에 묻히더라도, 뼈는 특별한 서열 방법에 따른다. 특별 진열이라고까지 하지 않는다 하더라도, 묘지를 열 때마다 자손들로부터 특별한 설명을 듣게 된다. 아마도 저 세상에서도 선조로부터 생트집에 잡히지 않을까? 일단 집을 나온 친정에 돌아간다는 것은 얼마나 가슴 아픈 일인가. 여자는 고달프다. 그러던 차에 젠토쿠의 후처는 어떠냐는 이야기가 나온 것은 차라리 운運에 가까웠다. 마음이 내키든 내키지 않든 보다, 절반은 뼈를 맡길 의무를 생각해 동의하였다. 그런 젠토쿠가 듣던 바대로 경박하고 고집쟁이였지만, 마음속은 한없이 밝은 사람이다. 이 사람이 맞이해 준 만큼, 열심히 일하지 않으면 벌을 받을 거라 생각했다. 그렇게 하지 않으면 나 같은 애물단지를 모처럼 착실하게 받아주신, 이 집안 선조님께 변명이 서지 않는다. 그러한 의무가 그녀로 하여금 열심히 일하게 하니, 요사이 손자들로부터도 "할머니, 할머니"라며 따르게 되었고, 이 상태 같아서는 저 세상에 계신 선조님을 뵙는 것도 부족함이 없다고 생각했지만, 이렇게도 빨리 같이 살 기회를 얻을 것이라고는 생각하지 않았다. 하지만 정상적인 생활이 아닌 것은, 이렇게 살아있는 이상 당연한 이야기지만, 그렇다 하더라도 뭔가 이렇게 끌어 맞춘 것라 생각하고 싶다. 뭔가 슬쩍 이렇게 (…중략…) 덩달아 죽어버릴 것 같은 기분도 든다. 이러한 마음은 여기 조상님들이 일가의 목숨을 구해 주신다는 신념과 조금도 모순된 것이 없었다. 어느 쪽도 그녀에게 있어서 '안심'을 바라는 마음이었다.(강조는 원문에 의함)[7]

혈연이 아닌 가족의 신뢰를 거두고 선조에게 인정받으려고 하는 우시는 때로는 선악 이상으로 엄격하게 '집'의 논리를 유지하려고 한다. 그렇다면 이러한 '집'의 논리에 빠져 들지 않고 죽음에 말려들지 않고 해결되는 방향으로 향하기 위해서는 도대체 어떻게 하면 좋을 것인가? 야카비 오사무屋嘉比収가 '집단자결'의 현장에 관해서 언급한 말을 여기에 참조해 두고자 한다.

즉 '집단자결'에 있어서 '공동체적 구조'와 개인과의 관계 보완성이나 합일성만을 보는 것이 아닌, 공동체적 구조 속에서 '타자의 목소리'를 듣고 개별적인 행동을 일으킨 사람들의 증언에 대한 주목이다. 여기서 말하는 '타자의 목소리'란, 공동체와 합일화하여 확대된 '자기(공동체)의 목소리'와 다른

7　『大城立裕全集』第9巻, 勉誠出版, 2002, pp.58~59.

목소리를 가리킨다. 그것은 관점을 바꾸면, 개個와 공동체가 합일된 가운데 이른바 진지한 '광기'의 목소리라고도 말할 수 있다. 그 진지한 '광기'의 목소리라고도 말할 수 있는 '타자의 목소리'에는 물론 가족이나 친척의 목소리도 포함된다. 가족 내에서의 연령, 성性, 사회적 입장 차이, 혹은 친척 내의 연령 구성이나 사회적 입장, 계층 차이가 죽음에 준거한 가마 대다수의 '자기(공동체)의 목소리'와는 다른 목소리를 만들어 내는 것이다. '집단자결'의 대부분 증언을 접해 보면, 가족이나 친척 내에서 힘을 가지고 있는 사람이 그 '타자의 목소리'를 알아 듣고, 어떻게 행동하는가가 결정적인 분기점이 되고 있을 것을 알 수 있다.[8]

야카비는 구체적인 증언을 사례로 들어, '집단자결'에 말려 들어가 뻔한 상황 속에서도, '집단자결'에 반대하는 의견을 가지고 있었던 사람이 가마 속에 적지 않게 존재하고 있었다는 것을 지적하고 있다. 죽고 싶지 않다는 아이의 목소리나 어린 손자를 죽이고 싶지 않은 노부모의 목소리가 '타자의 목소리'로써 나타나고 있다. 야카비에 의하면, 폐쇄 공간인 가마 속에서 '타자의 목소리'를 알아 듣는 것은 자기 자신을 속박하고 있는 상황으로부터 분기하는 결단과 연결된다고 말한다.

물론 「귀갑묘」에 있어서 젠토쿠나 우시가 '집'의 논리에 심하게 구애받는 것은 '집단자결'과 완전히 같은 것으로 파악할 수 있는 것이 아니다. 그러나 묘지라는 죽은 후의 있을 곳에 몸을 안정시키는 것이 우시의 죽

8 屋嘉比収, 『沖縄戦, 米軍占領史を学びなおす－記憶をいかに継承するか』, 世織書房, 2009, pp.44~45.

음에 대한 욕동欲動을 불러일으켜, 아이들이나 다케, 에이타로라는 존재까지도 동행해서 가는 것이라면, 야카비가 지적한 바와 같이 오키나와의 '공생관'이 '공사설'으로 전환되는 측면을 여기에서 이해해 가지 않으면 안될 것이다.

「귀갑묘」에 있어서, '타자의 목소리'가 존재하지 않았던 것은 아니다. 그것은 무엇보다도 에이타로가 묘지를 나와 보다 멀리 도망가려고 반복해서 주장하는 것에 나타나 있으며, 젠토쿠가 그의 제안을 받아들이고 함께하려는 태도에서도 찾아볼 수 있다. 그러나 '집'의 논리에 의거한 우시의 말에 따르고 싶다, 따라야 한다는 욕구 또한 에이타로나 다케 자신 속에 강하게 자리잡고 있던 것이다. 삶을 향하는 목소리와 죽음을 향하는 목소리, 그 쌍방에 자신의 안에서 끓어올라 왔을 때, 과연 어느 쪽의 목소리에 따르는가를 묻는 형태로 「귀갑묘」는 막을 내리고 있다.

전쟁터에 내몰려, 공포와 혼란 속에 남겨진 오키나와 사람들은 삶과 죽음을 나누는 선택을 개인의 판단에 의해 내리지 않으면 안 되었다. 그 때 보다 권위 있는 사람의 목소리, 다수자가 가는 방향, 귀에 익은 논리에 몸을 맡기고 싶다는 마음으로부터 몸을 분리하는 것은 이만저만한 일이 아니다.

자신이 다다르는 종착점으로서의 묘지라는 공간에 '숨는' 것이 그 공간이나 종래의 가치관으로부터 벗어나는 것을 어렵게 하며, 투쟁이나 저항으로 이어지는 일 없이 종언을 맞이해 온 본연의 모습을 여기에서 이해할 수 있다.

3. 저항하는 것과 '숨는' 것 _ 메도루마 슌의 「눈 안의 숲眼の奥の森」

1960년 나키진손今帰仁村에서 태어난 메도루마 슌은 1983년에 「어군기魚群記」로 데뷔를 장식한 이후, 현대 오키나와문학을 견인하는 존재로 활약해 왔다. 제 117회 아쿠타가와상을 수상한 「물방울」1997은 전장에서 친구를 내버려 두고 살아남았다는 비밀을 간직한 도쿠쇼徳正 노인의 왼발이 갑자기 부어올라, 그 엄지발가락 끝에서 떨어지는 물을 마시기 위해 전사한 병사와 친구가 모습을 나타낸다는 작품이었다.

또한 마부이魂, 오키나와에서 혼(魂)을 말함를 잃은 중년 남성 고타로幸太郎의 몸에 소라게가 기생하는 일로, 고타로의 장모와 같은 역할을 맡았던 늙은 여자 우타ウタ의 전쟁 기억을 불러일으키는 '마부이 구미魂込め'[9]의 중요성 또한 무시할 수 없다.

「물방울」의 주인공 도쿠쇼는 자신의 방에서 자면서, 의식은 있어도 움직일 수 없는 자신의 몸에 갇힌 채로 죽은 자와 마주 대하는 것을 강요받는다. 또한 '마부이 구미'의 고타로는 자신의 혼이 몸을 빠져 나간 상태로 친어머니의 화신과 같은 소라게를 그의 몸 내부에 서식하게 해 둔다. 이와 같이 살펴보면, 메도루마는 자기 자신의 것이면서도 자신의 의지로는 자유롭게 움직일 수 없는 신체를 오키나와의 알레고리로 하여, 그곳에 이물질로써 머무는 제어할 수 없는 무엇인가를, 오키나와 전쟁이 초래한 트라우마와 기억의 문제로서 반복적으로 표현해 온 작가라고 말할

9 몸에서 빠져나온 혼을 다시 몸속에 넣는 것을 의미한다.

수 있을 것이다.

이 글의 「들어가며」에서 언급한 바와 같이 메도루마 슌은 학대받아 왔던 오키나와의 아픔을 폭력적인 저항의 발로로 연결시키는 것을 가장 명확하게 지향하는 작가이기도 하다. 그러나 동시에 폭력적인 저항에 의해서는 구원받을 수 없는 아픔의 기억을 홀로 계속 갖고 살아가는 존재 또한 신중하게 그리고 있다. 저항과 복수를 위한 폭력을 원하는 목소리와 피해자의 소리없는 목소리가 길항을 유지하며 존재하고, 전자가 사건을 향한 분노를 끓어오르게 하는데 반해, 후자가 폭력으로의 유혹을 못하게 말린다는 관계 성립이 메도루마 문학의 커다란 특징인 것이다.

이와 같은 특징을 집약한 소설로 장편소설 「눈 안의 숲」2009[10]이 있다. 이 소설은 종전終戰되기 직전 오키나와에서 떨어진 섬離島을 무대로 하고 있다. 어린 소녀들과 함께 조개를 주우러 갔던 17세의 사요코小夜子는 4명의 미군 병사에게 윤간당한다. 섬 남자들이 미군을 두려워하여 아무 것도 할 수 없던 와중에, 사요코의 어릴 적 친구 세이지盛治가 미군 병사들을 작살로 위협하고 그중 한 사람이 중상을 입힌다. 그 후 세이지는 산속 동굴에 숨어 농성하였지만, 범인 색출에 혈안이 된 미군의 최루가스에 못 버티고 구속되어 버린다.

이 사건은 먼저 사요코와 함께 조개를 줍고 있었던 소녀 후미フミ와 세이지 자신의 시점에서 이야기가 전개된다. 그 후 전후 60년을 지난 '현재'

---

10 「눈 안의 숲」은 『전야(前夜)』의 2004년 가을호부터 2007년 여름호에 걸쳐 연재되었다. 그 후 가필 수정을 거쳐 단행본이 2009년에 影書房에서 간행되었다. 또한 2017년에 같은 회사에서 신장판이 간행되었다.

에 와서 여러 인물에 의해 상기되면서, 기억의 연쇄가 이어 나간다. 당시 마을 촌장의 증언, 비명소리를 지르며 달려가는 여성의 모습을 잊을 수 없어서, 기억을 확인하기 위해 어릴 적 살았던 섬을 방문한 히사코久子와 후미의 대화, 최루가스 때문에 맹인이 된 세이지의 독백, 오키나와 출신의 소설가 남자가 받은 영상 편지 등, 각각의 서로 다른 상황에서 서로 다른 인물이 이 사건을 말하기 시작한다. 그 후 시간 축은 오키나와 전쟁 당시로 돌아가 세이지에 작살로 찔린 미군 병사의 말이 삽입된다. 다시 '현재'로 시간이 돌아오면 괴롭힘을 받았던 여자 중학생의 일상, 그 중학생들에게 전쟁 체험을 말하는 사요코의 언니 다미코タミコ의 말, 오키나와 전쟁에서 통역을 맡은 2세 병사의 편지가 이어져 간다. 단편적인 말이 겹쳐짐에 따라, 사건의 자세한 내용이나 후일담이 서서히 밝혀져 가게 된다.

시대나 국적, 입장이나 젠더를 넘어 다양한 인물의 이야기가 서로 겹쳐진 것이 이 소설의 커다란 매력이지만, 여기에서는 주로 세이지와 사요코를 주목하고자 한다. 우선 세이지는 전시성 폭력에 가장 직접적인 저항을 나타낸 인물이며 미군 병사를 찔러 산속 동굴로 '숨는' 인물이다.

> 사요코를 상처 입힌 미국은 한 사람도 남김없이 내가 죽여버릴 거야……, 수통에 든 미적지근한 물을 마시고, 눈을 붙이고 몸을 태우는 분노로 땀을 흘리자 오른쪽 눈 안에서 새끼손가락 손톱만한 딱딱한 생물이 움직이기 시작하더니 그것이 두 마리, 세 마리 점점 숫자가 불어난다. 생물은 귓속이나 콧속, 피부 속으로 이동하여 등이나 가슴, 손발 끝으로 향하고, 뇌 속으로도 들어와 움찔움찔 꿈틀거린다. 수용소 병원에서 미국이 퍼뜨린 벌레가 자신을 죽이려

고 한다고 생각해, 급히 일어나 비명을 지르며 머리를 쥐어뜯자, 동굴 옆으로 함포사격에 의한 폭탄이 터지면서 그 후폭풍이 암벽 틈으로 불어 들어와 세이지의 몸을 흔들리게 한다. 숲이 불타는 냄새에 당황해 밖을 본다. 햇볕에 반짝이는 모래사장에 차례차례 함포가 떨어지면서 모래가 사방으로 튀어 오르고, 무성한 아당阿檀, 키 작은 상록나무로 주로 아열대 해안가에 자라며 매우 밀집된 군락을 이룸이 지면마다 한 덩어리가 되어 허공으로 떠오른다. 세이지는 참호 바닥에 몸을 웅크리고 귀를 막았다.[11]

극도의 흥분과 긴장을 동반한 동굴에 숨는 세이지의 신체감각은 조금씩 시간을 거슬러 올라간다. 동굴이라는 공간에 몸을 두는 것은 참호 속에서 미군이 오기를 기다렸던 때의 기억으로 이어진다. 전투 중에 정신을 잃고 미군 포로가 된 세이지는 마을로 되돌려 보내진 후로도 "미군에 대한 증오와 목숨을 구해주었다고 하는 고마움"에 무엇이 옳고 그른지 판단할 수 없었다. 그것은 세이지뿐만 아니라, 섬 주민 모두에게 공통된 태도였다고 말할 수 있다. 그리고 섬 주민들이 미군에 대한 태도를 미처 판단하지 못했을 때 일어난 것이 사요코의 사건이었다. 게다가 화가 나도 일어설 수 없는, 마을 남자들에 대한 분노가 세이지를 저항으로 내몰아갔다. 그것은 어릴 적부터 싸움도 못하고 주위로부터 멸시 받아왔던 세이지에게 있어서 남성성 회복이기도 했다.[12]

---

11 目取真俊,『眼の奥の森』, 新装版, 影書房, 2017, p.31.

12 이 문제는 村上克尚,「波及する戦争－目取真俊『眼の奥の森』を読むために」,『越境広場』第5号에서 논의되어 있다.

그러나 결론부터 말하면, 세이지가 미군 병사에게 휘두른 작살 일격은 사요코의 아픔을 누그러뜨리게 할 수는 없었다. 사건 후 사요코는 집에 숨어 있었지만, '정신병자狂者'가 되어 이따금 알몸으로 섬을 뛰어 다니거나 몇 차례 섬 남자들로부터 강간을 당했다. "미국에게는 허락하고, 우리들에게는 허락하지 않는거야"라고 말하면서 사요코의 팔다리를 짓누른 섬 남자들은 미군 병사에 의해 능욕당한 여성을 '우리들'의 손으로 또 다시 상처 입는 것으로 우리들의 지배 아래로 되찾으려고 한다. 이것 또한 섬 여자들이 강간당하는 것을 보고 있을 수밖에 없었던 섬 남자들에 의한, 남성성 회복에 대한 욕망이 초래한 폭력의 발로이다. 이윽고 사요코는 임신하고 남자아이를 낳지만 사요코의 아버지는 '섬의 짐승들만도 못한 아이'라고 하여 그 아이를 수양아들로 주고, 일가는 섬을 떠난다. 사요코는 아이를 빼앗겨, 깊이 상심하여 집에 틀어박히고, 더욱이 그 집 안에서도 아버지로부터 "모든 미움이나 분노, 원한이 담긴 듯한 차가운 시선"을 받으면서, 더욱 더 마음이 병들어 간다.

사요코는 사건 이후 집에 '숨는' 생활을 보내고 있었지만 거기에는 사요코를 집 안에 계속 감금하여, 밖으로 못나가게 했던 아버지를 비롯하여 가족의 억압이 작용하고 있었다. 세이지는 사요코 일가가 섬을 떠난 뒤에도, 반얀나무아열대나 열대 지방에 분포하는 뽕나무과로 키 큰 상록나무 아래서나 호안護岸, 강이나 바다의 기슭이나 둑 따위를 무너지지 않도록 보호하는 장치에 잠시 멈춰 서서, "내 목소리가 들리니? 사요코……"라고 계속 부르며 60년을 살았다. 사요코가 받은 아픔과 자신의 결기決起, 결단하여 일어남 기억을 다시 더듬어 찾는 과정에서 세이지는 닫혀진 덧문 저편으로부터 들려오는 사요코의 흐느끼는

소리나 비명에 몇 번이나 되돌아왔다.

세이지 이외에 사요코의 여동생 다미코나 다미코가 전쟁 체험을 얘기했던 중학교 여자 학생 등도 사요코의 아픔을 이해하려고 하는 존재로 그려지고 있다. 그들 모두가 세이지의 결기, 즉 학대받은 자가 저항으로써의 폭력을 발동시키는 것에 공명共鳴하지 않는 모양으로 사요코의 아픔이 말해지고, 건네질 가능성을 나타내고 있다.

전쟁/점령에 의한 성폭력을 참고 따르는 것이 아니라, 작살의 뾰족한 부분을 점령자에 향하고 싶다는 충동을 억지로 참으면서 폭력에 의지하지 않는 저항의 회로回路를 어떻게 열어 가는가? 그 대답으로 사요코의 괴로움 앞에 무력했던 결기의 전말을 생각하고, 사요코의 아픔을 반복하며 다시 만나기 위한 세이지의 60년이 그려져 있는 것이다.

4. 변형으로의 유혹
__사키야마 다미의 「운주가 나사키うんじゅが, ナサキ」[13]

사키야마 다미는 1954년 이리오모테지마西表島에서 태어났다. 10대 후반부터 오키나와 본도本島에서 생활하였지만, 그 이전에 오키나와의 여러 섬을 이리저리 이동하며 생활한 체험은 사키야마의 언어 환경을 보다 복잡한 체계로 만들었다.[14] 류큐 대학 졸업후에 작가로써의 활동을 시작

13 오키나와 말로 '당신의 정'을 의미한다.

14 사키야마는 "나는 사춘기에 섬마다 말의 다른 오키나와의 여러 섬을 이리저리 이동하

한 사키야마는 「수상 왕래水上往還」1988로 제19회 규슈 예술제문학상을 수상한다. 그리고 「수상 왕래」와 「섬 잠기다シマ籠る」1990가 아쿠타가와상 후보에 오르기도 했다.

「운주가 나사키」2016[15]의 주인공 '나'는 정체불명의 '그 목소리'에 못이겨 일하러 나가는 것을 그만두고 집에 머물러 있던 차, 발송인 불명으로부터 소포를 받은 '나'는 그 속에서 한 장의 플로피디스크를 꺼낸다. 그리고 그 소포에 이끌려 밖으로 나간 '나'는 기묘한 사람들을 만나게 된다.

보내어진 파일 세 번째, '기록 Q'에 인도되어 Q마을 입구에 선 '나'는 초등학교 3학년 정도의 남자 아이를 만난다. 이키가와라비는 "역사의 주무대에서 일어난 사건"에 합의하지 않는 동지들이 집결했다고 하는 Q마을의 유래를 설명한다. 소년의 목소리가 끊어지자, 보통 키의 마른 청년이 나타난다. 청년은 '나'에게 Q마을의 '훈련'='신체 단련'을 실제로 시킨다. 청년이 사라지자, '나'는 참호 안에서 '나'를 학수고대하고 있던 중년의 남자를 만난다. '나'는 남자를 생각해 내지 못하자, 이에 남자는 초조해하면서 시간이 없으니 빨리 생각해 내라고 성내며 말한다. 이윽고 '나'의 목구멍에선가 "당신, 당신이었군요"라는 말이 뿜어져 나왔을 때 Q마을은 함락된다.

장면은 낭떠러지 위로 옮겨져, '나'는 그곳에서 지금까지 만나온 사람

며 생활한 경험이 있어, 일정한 언어 환경 속에서 생활한 사람보다, 복잡하고 부자연스러운 것을 가지고 있는 것 같습니다"라고 말하고 있다.(「講演「私のコトバ」と「(コトバのたくらみ」」, 『社会文学』 第50号, 2019,.8.

15 「운주가 나사키」는 『すばる』, 2012, 12월호부터 2016년 1월에 걸쳐 간헐적으로 발표된 여섯 개의 단편 연작으로, 2016년에 花書院에서 단행본으로 간행되었다.

들을 재회한다. '나'는 사람들의 희미한 숨결을 느끼면서 파일을 꺼내어, 텅 빈 페이지를 메꾸기 위해 정신없이 쓰기 시작한다.

여기에서는 '숨는' 신체가 그려지고 있는 Q마을 장면을 중심으로 「운주가 나사키」에 실려 있는 에피소드를 간략하게 정리하였다. 그러나 실제 텍스트랑 대조해 볼 때, 음音의 연속이나 리듬을 무시한 요약에서는 사키야마 다미의 텍스트가 가지는 풍부함을 전혀 전달할 수 없다는 사실을 인정하지 않을 수 없다. 더군다나 이 텍스트에는 "하지만 말이야. 시간에 쫓겨서 힘줄만 연결된 뼈뿐인 이야기는 말의 혈육血肉을 죽이는 거야. 재미 따위 없으니 완전히 보잘 것 없잖아"라는 말 또한 실려 있다. '말의 혈육血肉'은 여기에 언급한 바와 같이 이야기의 줄거리에 머문 것이 아닌 것이다.

카타카나와 히라가나를 구사하며 때로는 일본어 표기에는 존재하지 않은 문자까지 만들어내어 표현된 풍부한 음이나 리듬, 의성어는 사키야마 다미의 문체를 꾸미는 것과 동시에 소설 세계의 전체를 구성하는데 있어서 극히 중요한 요소이다. 그곳에는 사키야마가 에세이나 강연에서 반복적으로 말한 대로, '내 섬의 말シマコトバ'[16]로 일본어를 흩뜨린다고 하는 전략이 감추어져 있다.[17] 그것은 일본어 그 자체가 본래의 의미와는 다르게 사용되는 법, 이해되는 법으로 확장되어, 탈골되어 나가는 것과 같은 전술이다.

---

16 여기에서 'シマコトバ'는 오키나와 본토, 혹은 오키나와 말을 가리키는 것이 아니라 류큐 열도에 섬들이나 마을에서 사용되는 지역 언어를 말한다.

17 사키야마는 「シマコトバでカチャーシー」(今福龍太 編, 『21世紀の文学 2 「私」の探求』, 岩波書店, 2002)이나 「公開講演会 シマコトバでカチャーシー」(『立教大学日本文学』 115号, 2016.1) 등에서 자신의 문체 전략에 대해 상세하게 말하고 있다.

지면상 사키야마 다미의 문체 전략에 관해 상세하게 보는 것은 어렵다.[18] 그러므로 사키야마의 그러한 전략에 경의를 표하면서, 본고에서 논하고자 하는 사키야마 문학의 중요한 요소인 신체의 문제를 살펴보고자 한다.

사키야마 다미의 텍스트에는 도래하는 말의 울림과 함께 리듬에 맞춰서, 행위하는 것을 통해 변용해 가는 신체를 교란적攪亂的인 문체로 표상해 간다는 특징이 있다. 여기에서 유의해 두고 싶은 것은 그와 같은 문체를 유지하는 '나의 섬 말'은 무엇보다도 먼저 스스로를 파열시켜, 고통을 받는 것에 의해 이 소설 세계를 구성하고 있다는 것이다. 그것은 '나의 섬 말' 자체도 가끔은 일본어의 울림에 유혹되어 '섬 말'이 아닌 것으로 변용되어 가는 위험을 동반한 시도인 것을 의미한다.

예를 들어 「운주가 나사키」에서는 "역사의 주무대에서 일어난 사건"에 저항하는 사람들에 의해 지하에 형성된 'Q마을'이 이야기되면 이야기될수록 역사의 주무대를 형성한 국가적 공동체와 유사해 간다는 위험성을 띠고 있다. 이와 같은 위험성은 "적과 뒤범벅되어 가챠시カチャーシー 춤"을 추고 생기는 혼동적 리듬에 신체를 맡길 때 필연적으로 발생하는 흔들림처럼 생각된다.

'Q마을'의 안내인은 동지들이 해 왔던 '단련'을 '나'에게 실천시킨다. 예를 들어 '훈련5'의 기술 중 하나인 '카멜리온 기술'에 대한 설명이 다음과 같이 언급되고 있다.

---

18 이 문제는, 呉世宗, 「身体の音から他者の音へ−崎山多美作品のオノマトペについて」(『社会文学』 50号, 2019.8)에 구체적으로 다루고 있다.

보세요, 이렇게 하여 '카멜리온 기술'을 몸에 익힌다면, 신출귀몰하게 어디든 이동할 수 있지 않을까요? 말하자면 이 움직이는 기술은 때와 장소를 구분 없이 적의 진지에 침입해서 종횡무진으로 염탐하고, 적의 정보를 아군에게 전하기 위한 변신술인 것입니다. 그뿐만이 아닙니다. 물론 지금까지 말한 것도 중요합니다만, 이 기술의 본래 목적은 다른 데 있습니다. 사람이 사람으로 살아가기 위해 가장 중요하게 여기는 점입니다. 이해가 곤란한 타자에 대한 상상력을 단련하는 훈련입니다. 풍부한 상상력은 신체 움직임을 동반할 필요가 있습니다. 즉 변신 과정에 있어서 바로 상대의 생각이나 아픔을 감지하여 적의 몸과 마음 모두가 내 자신이라고 보는 감성을 양성한다는 목적입니다. 적을 내 자신이라고 느끼며 이해하는 기술을 몸에 익힌다면, 적의 기쁨은 나의 기쁨, 적의 아픔과 슬픔도 나의 것, 그렇게 느끼게 됩니다. 그렇게 되면 싸움은 일거에 해결의 방향으로 나갈 겁니다. 그렇습니다. 승리도 패배도 없는, 무승부라는 고도의 싸움의 종결로 말입니다.[19]

신체의 공진共振에 따라 적을 '나의 몸'이라고 할 때, "승리도 패배도 없는 무승부"가 발생한다고 안내원은 말한다. 하지만 '나의 몸'이 되는 '카멜리온 기술'은 '나의 몸'이 적 그 자체가 되어 버리는, 요컨대 적에게 집어 먹히는 위험 또한 항상 인접하고 있다.

그 위험은 'Q마을'의 막판에서 '나'를 기다리고 있었던 한 명의 남자가, 도래하는 음音에 무서워하면서 '나'에게 뭔가를 생각해 내라고 재촉

19 崎山多美, 『うんじゅが ナサキ』, 花書院, 2016, p.97.

하는 장면에서도 나타나 있다. "기억이 돌아오지 않는다면, 당신은 여기에서 나랑 함께 평생 있을 수밖에 없어"라고 남자는 재촉하며, 다음과 같이 말을 건다.

생각해 내는 것, 만, 으로, 좋아, 그러니까, 그렇게, 하면, 당신은, 이해, 할 수가, 있습니다, 당신이, 당신인, 것, 을. 아, 그렇, 게, 무서워, 하지, 말고, 나도, 당신도, 함께, 이니, 까. 아니, 요, 만일, 의, 경우, 에는, 여기, 내, 가, 당신을…… 나에게는, 그렇게 할, 만큼, 당신에게의, 깊은, 사랑, 이, 있습니다, 그러니까, 어서, 당신…….

다시, 더듬거리는 남자의 목소리가 고막을 흔든다. 날카로운 소리에 귀가 울린다. 앗, 나는 소리를 지른다. 이 손, 이 목소리……. 남자를 쳐다봤다. 눈동자가 글썽거리고 있다. 나의 목구멍에서, 나의 것이 아닌 말이 뛰어 나온다.

……당신, 당신이었군요…….

어렴풋이 다가오는 잔물결처럼 남자의 눈이 웃는다. 그리고 답한다.

그래, 맞아. 잘 생각이 났네—.

나는 어정쩡히 끄덕인다.[20]

남자가 생각해 내라고 재촉하는 기억은 '내'가 남자와 '함께 평생 있'을 것을 회피하기 위한 수단이었던 것이다. 실제로 '나'에게는 '어정쩡'한 형태로 무언가의 기억이 도래하여, '나의 것이 아닌 말'에 의해 기억이 돌

---

20 崎山, 『うんじゅが, ナサキ』, p.123.

아왔다는 것을 남자에게 전하고, 함락된 'Q마을'에서 벗어날 수 있었다. 그러나 기억하고 있는 지난 일들을 다시 돌이켜 생각하길 재촉하는 남자의 말에 '만일, 의, 경우'에 '깊은, 사랑' 때문에 실행될지 모르는 함께 죽는다는 암시가 포함되어 있는 것을 간과할 수 없다. 함께 사는 것과 함께 죽는 것은 '함께'라는 점에서 강하게 연결되어 있으며, 삶과 죽음 어느 방향으로 바뀌어도 이상하지 않는 것이다.

'나'에게 도래한 소포가 가리키는 것에 의하면, 'Q마을'이란 '묘지'였던 것이다. '길쭉하게 남북으로 구부러진 섬의 딱 한 가운데 주변'의 어디에서도 바다가 보이지 않는 장소에 위치한 'Q마을'은 자연적으로 생긴 도랑이 아닌 인공적 공간으로 파도나 바람의 리듬에 흐트러짐이 없이 정체된 공기를 가득 채운, 정지된 공간이었다.

그리고 묘지에 숨어 있는 존재는 이미 신체를 잃은 것들이다. 그러한 까닭에 'Q마을'의 안내인들이 말을 구사한다. 말에 의해 공기가 흐트러져, '나'의 감각이 조금씩 열려 갈 때, '나'의 신체에 'Q마을'의 잔재로서의 'Qmr세포'가 몰래 들어온다. 그와 같이 하여 'Q마을'이 살아갈 수 있는 신체를 획득한 순간 'Q마을'이라는 공간은 묘지로서의 역할을 끝내는지도 모른다.

'Qmr세포'를 간직하고 동지들의 한 사람으로써 이 세상에 되돌아왔던 '나'는, 그때까지 만났던 존재를 늘 붙어 다니게 하면서, '쓰여진 것'의 공백을 메우는 글쓰는 이로써 생성되어 간다. 신체의 행위를 거쳐, '내'가 아닌 것을 삼킨 '내'가 새로운 기록의 글쓰는 이로 도래한 것이다.

5. 마치며

이상과 같이 오키나오문학에 있어서 '숨는다'는 것은, 실로 불온한 신체에 깃든 본연의 모습이었다. '숨는' 목적이 목숨을 지키는 것이라 하여도, 신체에 '숨는' 것을 강요하는 외적 상황—전쟁이나 점령—은 쉽게 지나가 버리는 일 없이 그곳에 계속 있으며, 한편으로 '숨는' 공간의 내부에서는 집의 논리나 오키나와 사회에 내재하는 가치관과 젠더관에서 생겨난 억압 또한 존재하고 있다. '함께' 죽음의 방향으로 밀어닥치는 듯한 움직임이 '숨는' 공간 내부에서는 소용돌이치고 있는 것이다.

'숨는' 신체는 그와 같은 공간 속에서 자신의 공동체를 살리기 위한 실천이며, 때로는 저항을 지향하며, 새로운 공동체나 신체에 깃든 본연의 모습을 향한 훈련을 쌓고 있다. 그리고 이와 같은 신체에 깃든 본연의 모습에 오키나오문학의 특징을 엿볼 수 있다고 하겠다.

참고문헌

大城立裕, 「沖縄で日本人になること—こころの自伝風に」, 『大城立裕全集』 第12巻, 勉誠出版, 2002.

________, 『カクテル・パーティー』, 文藝春秋, 1967(岩波現代文庫, 2011).

________, 大城立裕全集編集委員会 編, 『大城立裕全集』 第9巻, 勉誠出版, 2002.

呉世宗, 「身体の音から他者の音へ－崎山多美作品のオノマトペについて」, 『社会文学』 50号, 2019.8.

黒澤亜里子, 「崎山多美の文体戦略－「シマコトバでカチャーシー」を切り口に」, 『しまくとぅばルネサンス』, 編集工房東洋企画, 2017.

崎山多美, 『うんじゅが, ナサキ』, 花書院, 2016.

________, 「公開講演会 シマコトバでカチャーシー」, 『立教大学日本文学』 115号, 2016.1.

________, 今福龍太 編, 『21世紀の文学 2 「私」の探求』, 岩波書店, 2002.

仲程昌徳, 『沖縄文学の一00年』, Borderink, 2018.

松下優一, 「「実験方言」再考－大城立裕の小説『亀甲墓』のテクスト改変をめぐって」, 『慶應義塾大学大学院社会学研究科紀要』 69号, 2010.

村上克尚, 「波及する戦争－目取真俊『眼の奥の森』を読むために」, 『越境広場』 第5号, 2017.2.

目取真俊, 『魂込め』, 朝日新聞社, 1999.

________, 『眼の奥の森』, 新装版, 影書房, 2017.

屋嘉比収, 『沖縄戦, 米軍占領史を学びなおす－記憶をいかに継承するか』, 世織書房, 2009.

마시호真志保의 말과 마주하다*

마크 윈체스터

1. 바꿔치기하다

지리 마시호知里真志保, 1909~1961는 누나 유키에幸恵, 형 다카나카高央와 함께 홋카이도北海道 노보리베츠登別에서 태어났다. 일본인 연구자들의 지원을 받아, 1937년 도쿄제국대학東京帝国大学 문학부언어학과를 졸업했다. 전쟁 중 사할린樺太에서 교원을 거쳐, 1949년 홋카이도대학 강사로 취임, 1958년 교수로 승진한다. 사할린, 홋카이도 각지의 조사 성과를 토대로 만든 『분류 아이누어 사전分類アイヌ辞典』을 출판하여, 1954년도 아사히朝日 문화상을 수상 및 문학박사 학위를 수여받았다. 전쟁 기간은 물론 전쟁 후 초기 '일본'을 살다 간 아이누어 · 문화연구의 기초를 구축한 중요한

* 이 글은 마크 윈체스터, 「마시호의 말과 마주하다(真志保のことばに向き合う)」(『K』 no 001, 특정비영리활동법인 Knit-K, 2021)로 발표한 논고를 수정, 가필한 것이다.

아이누민족의 지식인이다.

소설가 시바 료타로司馬遼太郎는 『오호츠크 가도オホーツク街道』에서 지리 마시호의 성격에 대하여 몇 가지 언급하고 있다. 이는 지금까지 마시호에 관련해 전기傳記적 저술에 나타난 공통적인 풍조를 반영하고 있지만, 한편으론 마시호의 지적 유산을 평가함에 있어서 다소 부정적인 견해를 보이고 있다. 영국인 전도사이자 아이누문화 연구가 존 바첼러1854~1944를 "언령言靈, 말에 내재하는 영력을 학살하고 되돌아보지 않는 자"라고 한 마시호의 비판에 대해서 시바는 '광의의 감정론感情論'을 남용한 사람으로 평가하고 있다. 시바가 언급한 바에 의하면, 그것은 "아이누인 자신만이 아이누어의 언령을 이해한다고 하며 외부 연구자를 통렬하게 비판"하고, "그에게 아이누어의 기초를 가르친 긴다이치 교스케金田一京助에 대해서조차 비판을 멈추지 않았다"는 의미로서의 '감정론'이라고 말한다. 마시호에 의한 언어학 비판도 있는 점을 인정하면서도 시바는 이러한 '감정론'에 초점을 맞추고 싶었던 충동을 느꼈던 듯하다. 마시호가 "평생 같은 연구자들을 공격했으며, 게다가 공격할 경우 조금도 가차 없었던" 것은 그에게 있어 "아이누 이외의 모든 사람은 적이었음이 틀림없다"고 시바는 말한다. 그러한 까닭에 마시호가 "일본에서 최초로 고등교육을 받았던 아이누였기 때문에 자신이 아이누라는 의식을 한 순간도 잊은 적이 없었으며, 그 피차별감被差別感은 지구만큼 무거워졌다고 말해도 과언이 아니었다"라고까지 시바가 단언하고 있는 것이다司馬 1997 : 77~81.[1]

---

1 일반적으로 알려져 있는 아이누민족 초기 대학졸업자는 무카이 야마오(向井山雄)였을 가능성이 있다. 여러 출전에서는 무카이가 '릿쿄(立教)대학 출신'(『北の光』, 創刊

마시호는 자신이 '아이누'이기 때문에 '자신만'이 아이누어의 언령을 이해할 수 있다는 말은 어디에도 쓰지 않았다. 시바가 인용하고 있는 '존·바첼러 박사의 아이누어 연구' 부분에, 마시호는 단순히 "그것을 다루는데 있어서 사람은 소심익익小心翼翼, 지나치게 소심함, 항상 주의를 하지 않으면 안된다"고 말하고 있을 뿐이다. 게다가 예를 들어 마시호가 스스로 "부모님이 아이누어를 사용하는 것을 거의 들어본 적이 없었다", "소년시절을 마칠 때까지 거의 모국어를 모르고 지냈다"지리 1973(1937) : 150, 강조는 필자에 의함라고 불과 26세1935년 생일 직전에 썼다고는 하나, 긴다이치 교스케가 그에게 아이누어의 "기초를 가르쳤다"고 말한 것도 지나친 말일 것이다. 더욱이 애초에 "자신이 아이누라는 의식"을 '잊을' 수 없었던 것은 딱히 '피차별감'이라 할 정도는 아닌 만큼 '잊을' 필요가 어디에도 없었다.

号, 1948.12.10, p.38) 혹은 '릿쿄대학 문과신학부'(村上久吉, 『あいぬ実話集』, 旭川市立郷土博物館, 1955 : 91)를 졸업했다고 되어 있다. 더구나 무카이는 1912년 신문에 의하면, '릿쿄중학교'를 졸업했다(「土人の優等生」, 『北海タイムス』, 1912.4.5)는 기사가 있으며, '오사카 모모야마(大阪桃山)중학교'이라는 기사도 있다 (掛川源一郎, 『バチラー八重子の生涯』, 北海道出版企画センター, 1988). 또는 '릿쿄대학 문과'에 진학했다는 기술도 있으며(横島公司, 「有賀千代吉とバチラー八重子~立教小学校所蔵のアイヌ民具資料からみえるもの」, 『立教大学院史研究』, 第13巻, 2016 : 66~77, 70), '릿쿄대학 신학부에 진한, 성공회 신학원을 졸업'이라는 기술도 있다(小川正人, 山田伸一 編, 『アイヌ民族 近代の記録』, 草風館, 1998 : 603). 성공회 신학원은 1918년에 이케부쿠로(池袋)로 이전해 온 릿쿄대학과 협정을 맺고 두 학교의 졸업자격을 얻는다는 이중자격제도가 창설(大江満, 「立教大学と聖公会神学院の二重学籍制度」, 江島尚俊ほか 編, 『シリーズ 大学と宗教 II 戦時日本の大学と宗教』, 法藏館, 2017 : 199~243) 되었지만, 이것은 무카이가 졸업했던 1918년 3월(村上久吉, 『あいぬ実話集』, 旭川市立郷土博物館, 1955; 荒井源次郎, 加藤好男 編, 『荒井源次郎遺稿 アイヌ人物伝』, 加藤好男, 1992 : 56)보다 이후에 시작되었다. 『ウタリ之友』의 '소식'란에 나타난 바와 같이 고등학교 졸업한 아이누도 이 시기에 몇 명인가 있었다(小川正人, 山田伸一 編, 『アイヌ民族 近代の記録』, 草風館, 1998 : 168~233).

마시호가 '피차별감'을 깨달았다고 하더라도 그것은 평소 일본사회에 사는 동안 스스로 이異민족성을 느낀, 그저 그와 같은 수동적인 것이 아니다. 설령 얼마만큼 사소하고 무감각하더라도 '피차별감'은 타자에 의한 하루하루의 편견이나 차별에 근거한 부정적 언동과 태도를 조우하면서 '느끼는' 것이다. 결국 시바의 '광의의 감정론'이라는 진단 방법은 객관적으로 근거 없는 것은 아닌가. 따지고 보면 현실상 차별 효과를 모두 피차별자의 '감정'으로 치환하는 전형적인 차별부인언설差別否認言說이다.

다만, 시바의 이러한 주장은 전례前例에 따른 것으로 보인다. 즉 마시호가 사망했을 때 혼다 가츠이치本田勝一는 "지리 박사는 마지막까지 아이누로서의 콤플렉스로부터 벗어나지 못하고, 마음속으로 앓으며 괴로워했다"고 기탄없이 글을 남기고 있다. 또한 혼다는 "그것이 선천적인 예민한 감수성과 결합하여 때로는 통렬한 공격성을 나타내거나, 혹은 때로는 이상하리마치 사람을 그리워했다"고 분석하였다藤本 1994 : 17~18. 여기에서도 같은 연구자들을 대하는 마시호의 비판이, 무엇 하나 그들의 연구상 잘못이나 개별적 행위에 대한 것이 아니라, 마시호의 내면에 기인하는 것으로 파악해 버리고 있다. 사실인 즉 그것이 없었다면 유례없는 후지모토 히데오藤本英夫의 평전에 나타난 전체적 흐름tone 또한 이러한 종류의 통속 심리학적 말들로 넘쳐 있다. 사라시나 겐죠更科源蔵, 다카쿠라 신이치로高倉新一郎, 고노 히로미치河野広道와 같은 마시호의 동료들과의 불화설을 통해 소개한 것으로, 후지모토는 수차례에 걸쳐서 특히 고노와의 싸움을 '어쩔 수가 없었던 사고', '홋카이도사史가 가지는 숙명적인 어두운 부분'에 의한 것, 혹은 '일본인이 아이누에게 취해 왔던 동화정책 과정 속에서의 숙명' 등으로 정리해 버리고 있다藤本 1994 : 19.[2] 이는 싸움의 원인이 된, 다시 말해 마시호가 준비했던 자료를 고노가 학회에서 유용流用한 것임이 나중에 밝혀졌음에도 불구하고 그렇게 언급하고 있다후지모토(1994) : 223~230. 전기傳記 제1장의 이러한 흐름tone은 마치 마시호 자신이 가장 애가 탔었던 모습을 계속적으로 보여주고 있는 듯하다. 연구자는 되돌릴 수 없는 역사에 의해 구축된 구조 현존에 끼워 맞춰져 있다고 인식하는 것과 거기에 어느 정도 형식주의tokenism를 만나면서[3] 동등한 연구자로써 인정받도록 노력하는 마시호의 의욕을 보는 것은, 그곳에서 일어난 갈등을 '어쩔 수가 없었던 사고'로 회피하는 것과는 역시 위상이 틀리다. 마시호는 역사 피해자가 아닌, 뛰어나게 역사적으로 생각하고 또 생각해야 하는 상황에 있었던 것이다.

2. 뿌리를 찾다

마시호의 아내이며 아이누 문화연구자인 하기나카 미에萩中美枝, 1927~2021가 보관하고 있던 마시호 제1고등학교第一高等学校 시절 노트에서, 아이

2 마시호의 아버지 다카키치(高吉)를 '진보적'이라고 불렀던 긴다이치에 이어, "지리 집안의 일상생활은 그러한 까닭에 다카키치의 일본풍, 나미(어머니)의 서양풍이 합쳐져 비아이누적인 나날이었다"(후지모토 1994 : 26)라고 언급한 후지모토의 논조에도 문제가 있다. 마시호의 유년기 상황이 철저히 동시에 정확하게 그 시대의 아이누 경험의 하나였다는 사실을 파악하는 것이 과연 그 정도의 상상력이 필요한 것인지 의문이 든다.

3 "아이누민족이 일본인보다 열등하다고 보는 것은 틀리다"라는 증거로서 스승 긴다이치조차, 자주 마시호를 사례로 든 적이 있었다(北海タイムス 1937).

누가 놓여진 상황을 사회에 해독을 끼치는 자들을 빗대어서 말하는 '바칠루스Bazillus'로 비유했던, 그녀에 의해 알려진 마시호의 글이 있다. 여기에서는 마시호가 이러한 역사적 상황에 대해서 처음으로 다음과 같이 썼다.

> 나는 일체의 사물을 크게 과장해서 생각하는 버릇이 있다.
>
> 예를 들어 사소한 정신적 타격이라도, 그것이 자신을 망쳐버리는 것처럼 생각하여, 사소한 잔소리라도 차라리 죽어버리는 것이 낫다고 생각할 만큼 속을 썩히고 만다.
>
> 그러나 이것은 나 한 개인에 한정된 것이 아니라, 아이누 전체에 공통된 버릇인 것 같다.
>
> 이것은 어디에 원인이 있는 것일까?
>
> 우리들이 철이 든 이래 '아이누가 되기 위해' 무척이나 운명의 박해를 경험해 왔다.
>
> '아이누'인 것은 결코 죄악이 아니다. 그런데도 마치 그것이 꺼림칙한 죄악이라도 있는 것처럼, 사회로부터 우리들은 보이콧되어 왔다. 우리들은 인종상 면수免囚, 형기를 마치고 출옥한 사람이다.
>
> 전과가 있는 사람에게는 어디를 가도 어두운 그림자가 항상 따라 다닌다. 마치 그와 같이 우리 아이누가 도달하는 곳에는 박해가 붙어 돌아다니는 것이다.
>
> 이러한 박해와 모멸은 사회적인 동시에 역사적이다. 그것은 오랜 전통에 의해 배양되어 온 것으로, 하루아침에 뽑아 버릴 수 없는 깊은 뿌리를 가지고 있다.

그것은 이미 운명적으로 되어 버렸다.

설령 우리들이 거기에 어떠한 반항을 시험하더라도 그것은 더 이상 꼼짝하지 않는다.

이리하여 우리들은 슬픈 '체념'을 가지지 않으면 안되는 것이다.

아이누는 '바칠루스'이다. '바칠루스'는 필연적으로 박해받는 것을 타고난 것이다.

'아이누는 박해당하는 것'이라 신앙적으로 그렇게 정해버린 우리들은 점차 우리 쪽에서 박해나 모멸을 기다리게 되었다.

내가 가는 곳, 내가 있는 곳, 그곳에는 반드시 박해나 모멸이 없어서는 안된다는 것이라 생각한다.

그리고 이것들이 없어질 때, 그럴 리가 없다고 생각하는 마음은 억지로 그것들을 만들어낸다. 또한 이것들이 있더라도, 자신의 예상에 반한 나머지 작은 것이었던 경우에는 무리하게라도 그것을 크게 과장해서 생각한다. 그리고 스스로 만족하는 것이다.

이것이 점차 주관적으로 되어 마침내는 본성이라 생각되기까지 하는 것이다.

요컨대, 이것은 모두 선입적先入的으로 스스로를 불행한 자라고 믿는 곳에서 일어나는 듯하다.萩中 1972 : 21~22, 강조는 필자에 의함

이 일기 투고에서 마시호는 아이누가 직면하고 있는 박해를 과잉예기過剩豫期하는 경향을 들어 그 박해를 사회적 동시에 사회적이고 역사적인 것이라 말하며, 하룻밤에 일소할 수 없는 '깊은 뿌리'를 가지고 있다고

말한다. 게다가 저항을 시도해 보더라도 편견은 손상되지 않는 고로 그는 반항을 포기하고 그것을 내면화하여 항상 습관적으로 예상하게 되는 것이다. 하지만 여기에서 주목해야 할 것은 '깊은 뿌리'를 갖고 있다 하더라도 주위 행동이 스스로의 선입적 예기豫期로 자주 밑돈다는 것이다. 그리고 '아이누'인 것이 죄악이라도 있는 '것처럼' 박해와 모멸이 항상 따라다니게 되었다고 말하고 있는 점이다. 이러한 '것처럼'이야말로 마시호를 언제나 파라노이아paranoia에 가까운 신경질적 반응을 일으켜, 소외된 심정으로 하였는지도 모른다. 그러나 여기에는 동시에 부재不在에 대해서 뭔가가 존재하고 있는 것을 예감하고 경계하고 있는 마시호가 있다. 도미야마 이치로冨山一郎가 "피억압자는 언제나 경계하고 있다"고 쓴 프란츠 파농에 대하여 언급하고 있듯이, 파농에게 있어서 '위험에 노출되면서 경계하는 상황이야말로 폭력을 둘러싼 지각에 있어 중요'하며, 파농은 '이러한 위험에 놓여져 있는 절박성과 경계라는 잠재적 전투태세를 질서나 진압상태로서가 아닌 탈식민지화의 가능성'이라 간파한 것이다.冨山 2002 : 28~29 왜냐하면 예기予期야말로 아직 결말이 나지 않는 것이며, 또 다른 미래를 찾아 낼 수 있기 때문이다.

아이누를 '인종상의 면수免囚'로 보고 '죄악이라도 있는 것처럼' 사회로부터의 '보이콧'과 마시호가 지각해서 기술한 과정 그리고 그곳에서 전개되는 '아이누는 박해당하는 것'이라는 통념이 '신앙적'이라는 지각은, 또한 지각은 근대 이후의 '아이누가 되는 상황'으로의 중요한 통찰력을 제시하기도 한다. 근대라는 시대와 그 역학은 스스로의 성립이 뒤집혀 진다고 생각되는 것을 불러일으키는 개재로밖에 작동하지 않는 것이

다. 전근대적인 것, 아니면 비근대적인 것이란 사회에 있어서 자본 등에 의해 근대성이 부분적인 동시에 최소한으로 만들어진 후에만 존재하게 된다. 바꿔 말하면, 근대는 전근대적인 그 무엇, 비근대적인 그 무엇이 마치 존재하는 것처럼 치장하지 않으면 성립하지 않는다. '현대에 있어서 과거'라고 제목 붙인 단락에서 테사 모리스 스즈키Tessa Morris-Suzuki가 아이누의 농경과 자급자족의 쇠퇴과정을 논하면서, 아이누 사회를 "'수렵채집' 사회의 원형으로 재구축했던 것은 확실히 초기 근대의 발전과정임이 틀림없다"고 논하고 있는 것은 이러한 과정이다モリス=スズキ 2000 : 61.

다른 측면에서 최근 히라노 가쓰야平野克弥는 제국일본의 최초 식민지였던 '홋카이도'에 있어서 아이누 인종화人種化가 초래한 국민국가로의 포섭적 배제와 자본주의 사회로의 배제적 포섭를 날카롭게 논하고 있다. 히라노에 의하면, "역사적으로 다른 사회적 존재(비자본주의적 사회관계나 생활양식)를 인종적 차별로 기호화하여, 그 기호를 국가주권 영역 결정과 자본주의적 생산 사회관계를 새로 만들어 내기 위한 계기로서 코드화(문명으로부터 뒤처진 절멸 직전의 고대 유물)하는 작용"이 "선주민으로부터 빼뜨릴 수 없는 생활 수단—대지, 바다, 강, 숲—을 수탈하고, 그것을 자본의 축적과 제국일본의 형성을 위해 이용하는 것에 정당성을 부여했던" 것이다平野 2018.

아이누를 '멸망해 가는 민족'으로 만든 이러한 작용은, 확실히 국가로의 포섭 면에서는, 아이누에게 '구舊 토인土人, 어떤 지방에 대대로 토착하여 사는 사람'이 되는 신新 국민으로서 극복해야 할 성질'토인'인 것을 부여하였다. 또한 자본사회로부터의 배제 면에서는, 그들은 농경생활에 없어서는 안 될, 먼

장래를 대비한다는 미래에 관한 관념을 가지고 있지 않는다는 것과 '보호'를 필요로 하는 자들이라는 편견 등을 가능하게 했다. (실제로는 근대 이후, 대부분의 경우 아이누가 농업을 성공하지 않았던 것은, 행정상 농업장려정책이 빈번히 일본인和人 이주자로의 토지 배분을 우선시하고, 아이누에게 지정된 '급여지給與地'는 대습지이거나, 경사가 심한 산지였던 경우가 많았기 때문이다.) 그러나 무엇보다 가장 중요한 점은, 아이누가 '역사적으로 다른 사회적 존재'(예를 들어, 전근대적 혹은 비근대적인 "『수렵채집』 사회의 원형" 등)로서 지각되는 계기 그 자체가 이러한 과정 속에서, 다시 현전現前되고 있다는re-presented 것이다. 아이누를 과거의 사람인 것처럼 다루는 것에 의해서만, 아이누는 과거의 사람으로서 보여지게 되어, 미래를 향하여 오로지 전진해 가는 근대 크로놀로지chronology, 연대학가 스타트업起動한다.

마시호의 일기는, 아이누인 것이 '죄악이라도 있는 것처럼' 이들 메커니즘에 매달려 있는 청년의 역사적 존재로서 코나투스Conatus[4]를 애처로울 만큼 표현하고 있다. 그것은 실로 40년 후에 또 다른 아이누 지식인이 썼던 "형용구形容句가 없는 나로부터 시작되지 않으면 안 되었던 나의" 목소리이다 佐々木 1972 : 61.[5] 아이누가 동시대를 살고 있는 역사적 존재임에도 불구하고, 그들이 고정화된 정적인 '비동시성의 동시적 존재'라고 하는

4 [옮긴이 주] 어떠한 개체가 자기 존재를 유지하려는 힘 또는 의지.

5 사사키 마사오(佐々木昌雄, 1943~)의 말이다. 사사키 마사오는 1970년대 아이누민족에 의한 획기적인 언론지이었던 신문 『아누타리아이누-우리들 인간(アヌタリアイヌ−われら人間)』(1973~1976) 초대 편집책임자이며, 시인이자 비평가이기도 하였다. 사사키의 생애와 사상에 대해서는 졸저 논문 「'人間と呼ばれるものへの抗排であるように' 佐々木昌雄とアイヌ近現代思想史における贖いの政治」, 『神田外語大学日本研究所紀要』 第7巻, 2015 : 58~93 참조.

이러한 비합리성이야말로, 근대성의 핵심인 부분이다. 앞장서서 합리성으로 뒤틀린 재再코드화된 비합리성인 것이다.

하지만 근대라는 시대에 감추어진 이러한 비합리성은 일찍이 '귀화歸化 아이누'라고 쓰여진 에카시하시유이이치노스케(市助)가 "이전에 아이누였기에 일본인과 같은 일을 해서는 안 된다고 들었다면, 무엇 때문에 서투른 말을 고생해서 배우거나, 이곳 추위가 격심한 토지에서 사카야키月代[6]를 해서 썰렁한 기분을 들게 했을까요"라고 말한 시대부터 오랫동안 간파되어 왔으며, 예상 또한 되어 왔던 것이다松浦 2002 : 259.

3. 경계하다

마시호는 '관광 아이누'와 '완전히 일본인이 되었던' 농업에 성공한 아이누를 대비하는 것에 의해 동화되어야 할 아이누와의 차이를 영속화한 전후戰後 다큐멘터리에 출현하였다. 오구라 이치로小倉一郎가 프로듀서를 담당했던 NHK 본격 다큐멘터리 원조라고 일컫는 〈일본의 본모습〉 시리즈 중 〈코탄[7] 사람들, 일본의 소수민족〉1959년 방송이라는 작품이다. 클라크William Smith Clark 박사 동상이 있는 홋카이도 대학 캠퍼스를 촬영하며, 그곳에 걷고 있는 마시호가 자신의 연구실에 들어가, 진열된 아이누관련 책에 둘러싸여 인터뷰에 응했다. "잊혀져가려고 하는 선조의 말과 문화

6 [옮긴이 주] 남자가 이마로부터 머리 한가운데까지 머리털을 깎은 일.
7 [옮긴이 주] 아이누 말로 아이누 사람들이 사는 정착지(集落)를 의미한다.

를 발굴하려는 정열로 민족의 말 연구에 생애를 바친 지리 교수"라고 소개한 직후 마시호의 말은 그 소개와는 완전히 상반된 견해를 언급하고 있다.

> 실은, 아이누는 이미 민족으로서 일본인입니다. 다만 문제는 아이누라는 의식이 일본인이나 아이누 중에 남아 있지 않다는 겁니다. 그래서 그 의식이 일본인에게 있어서는 이상한 우월감이 되거나, 아니면 아이누에게 있어서는 열등감이 되는, 그러한 상태가 있는 게 아닐까 생각합니다. 그러나 이것 또한 시간이 해결해 줄 것이라 믿습니다. 그리고 또 하나는 오랜 문화에 애착을 가지고 있는 분들입니다. 하지만 대부분 사람들은 그러한 모멸과 굴욕의 틈이라 말할 수 있는 아이누 문화에서 도망쳐 나왔습니다. 그리고 일본인다운 일본인이 되고 싶다는 마음을 가지고 있지 않을까요? 사실을 말하자면 우리들 학자로서는 오랜 문화를 열심히 찾거나, 사라지기 전에 그것을 기록하고 있습니다만, 사라져 버린다면 어쩔 수 없다고 생각합니다崔 2017 : 437.

'사라져 가'는 것을 '보존'하려 매달리는 인류학적 욕망의 눈길에 대해서도, 마시호는 역시 "어쩔 수 없다고 생각합니다"라고 말하며 경계하고 있었다. 마시호는 아이누가 더 이상 민족으로써 존재하지 않는다고 자주 발언하였다知里 1973a(1937) · 1955 · 1973b(1955) · 2010(1955). 예를 들어 이것은 마시호가 '과거의 아이누'와 '현재 및 미래의 아이누'가 "인종학적으로는 양자가 물론 동일하다 하더라도" 떠맡고 있는 '문화'가 다르다고 하는 정도의 의미였던 것이며, 그가 가진 민족이라는 개념에 관한 인식에서 시대

제한이 있었는지 모른다.知里 1973a : 149 더구나 이것은 부흥운동에 의해 '아이누'라는 말의 이미지가 개선되는 시대를 앞두고, 마시호 자신이 확실히 여기에 언급하고 있는 바와 같이 "'토인=아이누=미개未開'라는 오명을 피하기 위해 '아이누'를 벗어나려고 하는 사람이 출현한"최 2017 : 119 중에서 그와 같은 사람이 살기 쉽게 하기 위한, 마시호의 말을 찾은 결과라고 말할 수 있다.[8] 그것도 이민족시異民族視되는 것에 대한 경계였던 것이다. 중요한 것은 그를, 그리고 아이누를 그와 같이 다루려고 하는 부름에 대해서 그 부름을 기능 상실시키려고 하는 지각이다. 자신을 비동시적인 존재로 하는 것에 의해 미래로 나아가는 시제時制, 시간의 외적 위치를 보이는 것에 대해서 그렇게 존재하지 않게 되었다고 하려는 또 다른 미래로 몸을 내맡긴 마시호의 부단한 시도인 것이다. 여기에는 마시호의 구승문학에 대한 창조적 번역자로서의 경계에 통하는 것도 있으리라 본다.[9]

근대 크로놀로지를 스타트업起動시키는 아이누에 대한 '사라져 가는 민족'과 같이 부름이 아이러니하게도 가능하게 되어 왔던 이러한 경계야말로 그 부름에 고정화된 것(히라노가 말하는 "일본인과 같이 자기 완결적인 주체를 상상하는 것 자체"를 포함한다)을 잠재태潜在態, 비형식적이면서 형태를 나타내려고 하는 잠재성을 내

---

8 마시호의 '민족으로서의 아이누는 이미 사라졌다고 말해도 좋다'는 논조가 아이누민족의 존재를 부정하기 위하여 현재 다시 비역사적인 '그러하다'는 사실로 파악되는 현상이 일어나고 있는 것 또한 우스꽝스러운 이야기다. 岡和田晃, マーク・ウィンチェスター 編, 『アイヌ民族否定論に抗する』 河出書房新社, 2015 참조.

9 사토 로즈버그 나나(佐藤=ロスベアグ・ナナ)가 말하는 "아어(雅語)와 결합한 고전어 역을 한번 파괴하는 것으로, 전통을 부정하는 것이 아닌 과거와 공존하는 현재성을 내놓아 미래에 살아있는 노래인 구어로 번역한다"를 말한다(佐藤=ロスベアグ 2011 : 269).

재하는 상태인 잠재태로 보내는 로 되돌려 보내는 힘인 것이다. 마시호의 말과 마주하기 위해서는 이를 듣고 이해할 수 있는 귀가 필요하다.

참고문헌

荒井源次郎, 加藤好男 編,『荒井源次郎遺稿 アイヌ人物伝』, 加藤好男, 1992.

ウィンチェスター, マーク,「『人間と呼ばれるものへの抗排であるように』佐々木昌雄とアイヌ近現代思想史における贖いの政治」,『神田外語大学日本研究所紀要』第7巻, 2015.

岡和田晃, マーク·ウィンチェスター 編,『アイヌ民族否定論に抗する』河出書房新社, 2015.

小川正人, 山田伸一編,『アイヌ民族 近代の記録』, 草風館, 1998.

大江満,「立教大学と聖公会神学院の二重学籍制度」, 江島尚俊 ほか 編,『シリーズ 大学と宗教II 戦時日本の大学と宗教』, 法藏館, 2017.

『北の光』創刊号, 1948.

佐々木昌雄,「この〈日本〉に〈異族〉として」,『北方文芸』2月号, 1972.

佐藤＝ロスベアグ·ナナ,『文化を翻訳する 知里真志保のアイヌ神謡訳における創造』, サッポロ堂書店, 2011.

司馬遼太郎,『オホーツク街道 街道をゆく 38』, 朝日新聞社, 1997.

竹内渉,『戦後アイヌ民族活動史』, 解放出版社, 2020.

知里真志保,「知里博士に朝日文化賞 博士談 なぜアイヌのみ異民族扱い」,『北海道大学新聞』, 1955.

知里真志保,『知里真志保著作集 1 説話·神謡編I』, 平凡社, 1973a.

＿＿＿＿＿,『知里真志保著作集 3 生活誌·民族学編』, 平凡社, 1973b.

＿＿＿＿＿,「アイヌの歴史について」, 小坂博宣,『知里真志保アイヌの言霊に導かれて』, クルーズ, 2010.

崔銀姫,『表象の政治学 テレビドキュメンタリーにおける『アイヌ』へのまなざし』, 明石書店, 2017.

冨山一郎,『暴力の予感 伊波普猷における危機の問題』, 岩波書店, 2002.

萩中美枝,「アイヌアナクネピリカ 知里真志保の残したノート」,『北方文芸』2月号, 1972.

平野克弥,「『明治維新』を内破するヘテログロシア アイヌの経験と言葉」,『現代思想 2018年 6月 臨時増刊号 総特集＝明治維新の光と影 150年目の問い』, 青土社, 2018.

藤本英夫,『天才アイヌ学者の生涯 知里真志保評伝』, 講談社, 1970.

＿＿＿＿,『知里真志保の生涯』, 新潮出版, 1982.

＿＿＿＿,『知里真志保の生涯 アイヌ学復権の闘い』, 草風館, 1994.

「"アイヌ族の能力決して劣ってゐない" 金田一博士語る」,『北海タイムス』, 1937.3.6.

松浦武四郎, 更科源蔵, 吉田豊 訳,『アイヌ人物誌』, 平凡社, 2002.

村上久吉,『あいぬ実話集』, 旭川市立郷土博物館, 1955.

モーリス=鈴木, テッサ, 大川正彦 訳,『辺境から眺める アイヌが経験する近代』, みすず書房, 2000.
横島公司,「有賀千代吉とバチラー八重子ー立教小学校所蔵のアイヌ民具資料からみえるもの」,『立教大学院史研究』第13巻, 2016.

'이름'과 씨름하는 재일코리안의 일상

김웅기

1. 들어가며 __ '이름'과 만나다

외국에 뿌리가 있는 아동 · 학생이 스스로 정체성을 재확인하고 자존감을 가지고 학교생활을 의미 있게 보내기 위해 본명을 쓸 수 있도록 해 주는 교육 환경을 마련하는 일이 요구되고 있습니다. 본명을 사용할 수 없는 이유는 당연히 본명을 쓰면 차별을 받는, 또는 차별을 받을 것 같기 때문입니다.

물론 본명을 쓴다고 해서 차별을 받는 일 없이 생활하는 아동 · 학생도 있습니다. 다만 주위 사람들이 볼 때 차별을 받지 않는 것으로 보여도 본명으로 생활한다는 것은 다양한 스트레스나 불편이 따르는 것으로 알려져 있습니다.

이름이 불린 것만으로 주변 사람이 빤히 찾아보거나 몇 번이고 이름을 되묻거나 "국적이 어디고 언제 일본에 왔는가?" 등 흥미 위주로 여러 가지 캐묻는 일이 있습니다. (…중략…) 이런 여건에서 본명을 끝까지 쓴다는 것은 여

러 갈등을 넘어 상당한 노력을 기울여야 할 것입니다. 통명을 사용하는 것이 훨씬 편하기 때문입니다.[1]

이름. 많은 생각을 떠오르게 해주는 일반명사다. 물론 본명 즉 민족명을 누구나 쓸 수 있다면 좋기는 하겠지만 일본에서 모국어와 문화를 전혀 모르는 채 우리 민족의 이름으로 생활한다는 것은 무기도 없이 전쟁터로 나가는 것이나 마찬가지다. 일본에서 성장한 필자는 위의 상황을 모두 겪었다고 해도 과언이 아니다.

어른이 돼서 들은 이야기지만 한국 출신인 필자의 부친께서는 유치원 입학에 앞서 아들이 뻔히 겪게 될 차별을 우려하여 일본 이름을 쓰게 하려고 했다고 한다. 이에 대해 모친께서는 완강하게 반대하셨다. 어차피 차별을 피할 수 없기 때문이다. 모친께서는 일본 이름을 쓰며 학교생활을 하다가 한 일본 대기업에서 취업 내정을 받은 적이 있는데, 입사 절차에서 호적등본7을 지참할 것을 요구받자 결국 자신이 한국인이라는 사실이 밝혀져 취업이 취소되는 일을 겪으셨다고 한다. 1973년 박종식朴鐘碩에 의해 제기된 히타치취업차별소송보다 훨씬 전의 일이다. 숨겨봐야 숨길 수도 없고 이름을 숨기느라 학교생활 내내 죄책감에 시달리다가 결국 들키고만 자신의 경험을 자식들에게 대물림하고 싶지 않았던 것이다. 자식들이 숨김없이 떳떳하게 이름을 밝히며 살았던 것은 사실이며 지금 돌이켜보니 잘한 일이었다. 그러나 한편으로 당사자가 아니고서는 알 수 없

1 神奈川県教育委員会,『人権学習ワークシート集Ⅶ－人権教育実践事例・指導の手引き(高校編 第16集)』, 2019.2, p.57.

는 어려움이 적지 않았던 것도 사실이다. 재일코리안에 국한되는 얘기가 아니지만 차별을 당하는 이들은 그 아픔을 가족 앞에서는 드러내지 않으려 한다. 아무에게도 나눌 수 없는 아픔을 가슴에 묻어둔 채 살아가고 있는 것이 대다수 재일코리안의 일상이다.

필자는 평생 주변에 재일코리안이 한 명도 없는 환경에서 자랐다. 한국에 정착한 이후에도 그랬다. 물론 스친 적이야 있었겠지만, 영상으로 보는 것처럼 멀게 느껴지는 존재였다. 이런 점에서 필자의 입장은 어떤 면에서 한국의 다른 연구자들과 전혀 다를 바가 없다고 할 수 있다.

그러던 필자가 오사카시 이쿠노구大阪市生野區를 처음 찾아간 것은 2009년의 일이다. 지인인 대학교수가 한 재일코리안 인권활동가를 소개해 준 것이 계기가 되었다. 그는 일웅 정치학자인 필자에게 이제 재외국민에게도 한국국정 참정권이 생겼는데, "이건우李健雨[2] 씨가 돌아가신 후 한국 상황을 제대로 아는 사람이 없으니 한번 와서 렉처해 달라"고 부탁해왔다. 책이나 영상에서나 본 게 전부였던 재일코리안을 제대로 만나기 시작한 것은 지금부터 불과 십수 년 전의 일이다.

이 일이 계기가 돼서 2012년 제19대 대통령선거를 앞두고 재일코리안을 상대로 투표 참여를 장려하기 위한 SNS활동을 시작했다. 이들이 주권에서 일본에서뿐만 아니라 국적이 존재하는 대한민국에서조차 배제되어왔다는 사실은 인간의 존엄성이 걸린 문제라고 생각했기 때문이다.

---

2 이건우(1952~2008)는 고려대학교에 모국수학으로 한국을 찾은 후, 사회인이 되어 한국정부를 상대로 10년 동안 세 차례에 걸쳐 소송을 제기하여 재외국민 국정참정권을 요구해온 재일코리안 2세다. 여러 재외동포들이 줄소송을 하게 된 계기를 마련한 인물이기도 하다. 「訃報 李健雨氏」, 『民団新聞』, 2008.8.15.

이 활동을 계기로 처음으로 시정市井의 재일코리안을 만나기 시작했다. 평생 만나보지도 못하고 이해가 전혀 없는 상태에서 많은 재일코리안들과 짧은 시간이나마 대화를 나누었다. 특히 오사카를 비롯한 관서지역의 재일코리안은 한 사람 한 사람마다 자신의 소신이 뚜렷했다. 놀라지 않을 수 없었다. 그중에 본고에서 논의하게 될 '이름'에 얽힌 소송의 당사자인 회사원 서문평徐文平 씨와 영화감독 김임만金稔滿 씨가 있었다.

몇 마디 말을 나누었을 뿐이지만 이들이 싸우고자 하는 마음의 힘이 어디서 솟아오르는지 궁금해졌다. 이들이 공통적으로 경험한 민족학급이라는 공립학교 내 정체성교육의 존재를 이때 처음으로 알게 되었다. 필자가 자란 관동지역에는 전혀 없기 때문이다. 한국어교육, 정체성교육이라는 표현으로는 민족교육의 뜻을 충분히 영위할 수 없고, 인권교육이라는 표현이 보다 적합할 것이다. 필자는 '이름'과의 만남을 통해 민족교육에 대한 관심을 갖기 시작했고 민족학급은 필자의 연구주제가 되었다.

김임만 씨를 만났을 때 나눈 짤막한 대화로 그가 벌이고 있던 소송이 필자의 가슴에 꽂혔다. 투표장려 활동을 통해 알게 된 재일코리안 기자이자 후에 재특회 회장당시을 상대로 헤이트스피치 소송을 제기한 이신혜李信恵 씨에게 김임만 씨의 소송에 관한 기사를 쓸 것을 권유[3]했던 것도 이 때문이다. 인권교육, 반차별교육이 일본 어디보다도 활성화되어 있는 오사카에서조차 재일코리안이 본명 또는 민족명을 쓰는 사례는 20%에도 미치지 못하는 현실 속에서 '이름'을 되찾고자 하는 이들에 문제의식에

3 李信恵, 「「イルム裁判」当たり前に本名が名乗れる社会を求めて」, 『ガジェット通信』, 2013.2.2. https://getnews.jp/archives/287634(2022.1.10 検索)

대해 언젠가 필자 나름의 시선에서 논의해 보고 싶었다.

필자는 이후에도 '이름'을 둘러싼 재일코리안의 고뇌를 목격하게 된다. 오사카나 고베에 있는 공립학교 안에서 우리 정체성 교육을 위한 수업이 과외수업 형태로나마 추진되고 있는 사실을 알게 되었고 현장을 찾아가기 시작했다. 민족학급이다. 민족학급이 있다는 이유만으로 학교 전체가 차별을 용납하지 않은 환경이 조성된다는 사실에 놀라지 않을 수 없었다. 거기서 가장 근본적인 교육 내용 역시 이름 즉 민족명 되찾기다. 그러나 1970년대에 시작된 '본명을 부르고 쓰는 운동本名を呼び名乗る運動'이 50년 이상 전개됐음에도 불구하고 2010년대 말 시점에서 재일코리안 학생이 1/3이나 다니는 학교에서조차 민족명 사용률이 0%라는 사실을 접하고 충격을 받았다. '이름'이란 그토록 대다수 재일코리안에게는 고통스러운 일반명사인 것이다. 한국에서 건너가 일본에 정착한 이들은 민족학급을 "말도 제대로 못 가르치는 뒤떨어진 한국어교육" 정도로 치부하는 경우가 적지 않지만, 여타 국가에서 펼쳐지는 한민족 정체성교육과는 전혀 다른 역사가 있고 특수성을 감안한 접근이 필요한 이유가 여기에 있다.

서문평 씨와의 만남은 오사카시 옆에 있는 히가시오사카시에 위치하는 미술관이라는 이름의 카페喫茶店에서다. 성인이 된 후 스스로 조선적朝鮮籍 즉 무국적자의 삶을 선택한 카페주인도 민족학급에서 정체성과 '이름'을 되찾은 재일코리안이다. 그는 카페 공간을 인권문제와 관련되는 학습모임이나 공연을 위해 자주 개방한다. 서문평 씨를 만난 것은 '미술관'을 찾아갔을 때 마침 무국적자 문제를 논의하는 학습모임이 열렸을 때다. 서문평 씨는 자신이 원고가 되어 '이름'을 둘러싼 인격권을 인정받아 승소한 당사자다. 자신의 경험과 주장을 자신 있게 말하는, 자존감이 충만해 보이는 그의 모습이 인상적이었다.

이 글은 먼저 재일코리안을 둘러싼 '이름'에 얽힌 서문평과 김임만이 벌인 재판 내용을 각각 살펴볼 것이다. 이어서 최근 일어나고 있는 '이름'을 계기로 위기에 빠진 민족학급의 최근 위기 상황과 대안을 논의해 볼 것이다. 2세 세대의 사회적 여건과 매우 다른 오늘날 상황에서 재일코리안의 '이름'이 새로운 국면을 맞이하고 있는 상황에 대한 조명이 필요할 것으로 여겨지기 때문이다.

2. 세키수이하우스 재일코리안 직원에 의한 민족차별 소송

2006년 2월 일본 유수의 주택업체인 세키수이하우스積水ハウス사는 배수관이 막힌 한 점포 소유자로부터 연락을 받아 배수 공사를 의뢰받았다. 담당자로부터 업무를 인계받은 서문평은 재발 방지를 위한 배수시설 공사계획서와 견적서를 작성한 뒤, 복구공사를 담당한 직원과 함께 고객 집을 다시 찾아갔다.

1961년생인 서문평은 야마구치현에서 태어난 후 오사카부 야오시八尾市로 이사를 가서 공립학교를 다녔다. 야오시는 도깨비어린이회トッカビ子ども会로 상징되는 재일코리안 민족교육을 위한 지역활동이 활성화된 특성이 있으며, 서문평은 중학생 시절 자신의 본명 서문평을 되찾는 '본명선언'을 한 후 줄곧 본명만을 사용하고 있다. 일반적으로 학교 내에서

이루어지는 본명선언이란 재일코리안 학생이 그동안 숨겨온 자신의 민족명을 일본인 동료들 앞에서 공언하는 일이며, 전교집회이나 학급회 등에서 하는 경우가 일반적이다. 이 같은 방식은 오늘날까지 남아있는 또 다른 피차별집단인 부락민에 의한 부락해방운동에서 행하는 부락민선언과 유사하다.

서문평이 한글 이름이 새겨진 자신의 명함을 건네자 의뢰자는 "이런 명함 내밀지 마라. 조총련 간첩이냐. 북조선에 돈을 얼마나 송금했냐. 너 같은 놈이 있으니 납치문제가 일어난 거야". "만약 북조선과 일본 간에 전쟁이 일어나면 너는 적이잖아. 세키수이하우스가 그런 놈을 고용하다니 조총련으로부터 건물 지어달라고 부탁받아서 그렇겠지. 뭔가 얻을 게 없다면 고용할 리가 없다" 등 폭언을 서문평에게 퍼부었다.[4] 김정일이 일본인납치를 시인한 2002년부터 조총련과 조선학교에 대한 감정이 극도로 악화된 시점이었지만 서문평은 이들 조직과는 아무런 관계도 없는 인물이다. 야오는 부락지역과 조선인거주지역이 중첩되는 지역으로 일찍이 부락해방교육이 활발했던 지역적 특성이 있으며, 이 연장선상에서 재일코리안 민족교육 또한 활성화되었다. 최근에는 베트남인 등 외국인 인구의 다국적화에 따라 일본 국제이해교육의 선도 사례가 되고 있다. 서문평은 자신이 한국국적이며 일본에서 태어났다고 폭언을 퍼부은 의뢰자에게 밝혔다. 그러더니 의뢰자는 "세키수이가 누구를 고용하든 자유지만 왜 고객 앞에 (조선인을) 보내느냐"며 약 2시간에 걸쳐 폭언을 이어갔

4 『民団新聞』, 2007.3.14.

다.[5] 심지어는 세키수이하우스라는 간판과 이런(민족명 같은) 이름을 같이 (명함에) 넣다니 싸움 거는 거냐"라는 말까지 했다고 한다.[6]

이에 대해 서문평은 2007년 노골적으로 민족차별을 받았다며 위자료 300만 엔과 신문에 사죄광고를 게재할 것을 요구하며 오사카지방재판소에 소송을 제기했다. 이 재판은 재일코리안, 이 민족차별 발언을 제소한 최초의 사례라는 측면에서도 주목을 받았다.[7] 서문평은 이에 관하여 "본명으로 일할 것을 부정하는 행위에 대한 시비를 묻기 위해 소송에 나섰다"고 밝혔다.

여기서 돋보인 움직임을 보인 것은 그를 고용하는 세키수이하우스사였다. 직원이 고객을 상대로 제소하는 재판에 대해, 회사 측에서 재판 비용을 부담하고 재판 출석을 근무시간으로 인정하는 등 전폭적 지원을 아끼지 않았다. 이처럼 민족차별에 대해 기업이 피해자를 지원하는 사례는 전대미문이었으므로 언론에서도 주목받기 시작하는 계기가 되었다.[8] 필자는 박종석에 의한 히타치취업차별소송 이후 기업과 민족차별 문제가 일본사회에서 공론화된 사회적 상황과 부락민 차별 시정을 위한 움직임의 일환으로 관서지역이서 유독 인권교육이 강화된 점이 이 같은 기업 측 움직임에 영향을 미쳤던 것이 아닐까 추측해 본다.

피고가 된 의뢰자는 전면적으로 맞섰다. 그는 "차별의식 때문에 말한 것이 아니다", "명함의 (한글 위에 있는) 가타가나 터시가 작아서 보이지 않

5 위의 기사.
6 『民団新聞』, 2007.9.12.
7 『民団新聞』, 2007.3.14.
8 예를 들어서 2007년 6월 8일 NHK뉴스에서 보도되었다.

아 '조상じょさん'라고 불렀더니 '틀렸다'며 호통치며 뭐라고 하는지 알 수 없었다. 그래서 (표기를) 한쪽으로 통일해 달라고 한 것이다. 보수공사를 거부한다고 해도 들어주지 않았다"며, 소송 자체를 "인권을 앞세워 압력을 넣어 자기가 원하는 대로 장사한다"고 반박했다. 이에 대해 세키수이하우스 측은 "당사로서도 상대방과 원만한 해결을 시도해 보았지만, 해결에 이르지 못했다. 서 씨에 대한 지원은 고용관리나 사회적 책임이라는 관점에서 추진하고 있다"고 밝혔다.

제소 후, 세키수이하우스에 대해 항의를 위한 전화나 이메일이 쇄도했고 우익단체의 가두선전이 나타나기까지 했다. 우익단체가 뿌린 전단지에는 "고객에게 조선문자의 명함을 내밀어 그 비례非禮를…"이라는 내용이 있었다고 한다.[9] 온라인 공간에서도 당시 2ch현 5ch 등 게시판 사이트를 중심으로 혐오성 글들이 난무했다. 서문평을 보호하는 차원이었지만 회사는 그를 외근직에서 내근직으로 발령내기도 했다. 이에 대해 서문평은 "만일 내가 계속해서 내근직으로 남아 있게 된다면 패소 사례를 만들 뿐, 본명을 쓰는 조선인은 귀찮은 존재, 이제 밖으로 내보내지 말고 내근직이나 시켜야겠다, 그래야 안심할 수 있다고 생각하겠끔 할 뿐이다"[10]라고 고뇌하는 마음을 드러내기도 했다.

세키수이하우스 측 또한 피로감을 감출 수 없었다. 그러나 서문평에게 소송을 권유했던 것이 바로 회사측이었고, 1980년대부터 인권문제에 전사 차원에서 대응해온 경위도 있다. 그래서 중도하차라는 선택지는 없

9 『民団新聞』, 2007.9.12.

10 위의 기사.

었다. 여기에는 이 회사가 1980년 부락차별출판물인 『지명총감地名総鑑』를 구입했던 사건[11]에 대한 반성 또한 작용했다. 결국 세키수이하우스는 서문평의 소송을 끝까지 지원했다.

2007년 8월 오사카지방재판소에서 화해가 이루어짐에 따라 소송이 마무리되었다. 화해 내용은 피고의 사죄와 서문평에 대한 합의금 30만 엔 지불이었다. 끝까지 화해를 거부한 피고를 재판장이 직접 설득하기까지 해서 이루어낸 화해였다. 이 사건은 차별발언 자체를 놓고 화해가 성사된 최초의 사례가 되었다. 화해 성립 후 서문평은 외근직으로 복귀했다.

이처럼 '이름'을 쓸 권리, 즉 인격권이 인정된 데 대해서는 일찍이 1975년 최창화崔昌華 목사가 NHK를 상대로 자신의 이름을 일본식 표기법에 따라 읽는 것은 인격권 침해라는 1엔 소송을 제기한 영향도 작용했을 것으로 보인다. 최창화는 비록 최고재판소에서 패소했지만, 한국 이름을 원어 발음으로 읽도록 하는 데 크게 영향을 미쳤다. 오늘날 일본에서는 중국인, 대만인 등의 이름에 대해서는 일본식 표기가 유지되고 있지만, 한국인에 대해서는 원어 표기가 되고 있다. 최창화 소송 때부터 재일코리안의 '이름'은 인격권을 지탱하는 근거로 널리 인식되기 시작했고 서문평 소송 또한 최창화 소송의 연장선상에 있다고 볼 수 있다.

그러나 아쉬운 것은 홈페이지에서 확인해보는 한이기는 하지만, 세키수이하우스사가 적극적으로 인권문제를 전면에 내거는 일이 사라졌다는 점이다. 뭉뚱그려서 "다이버시티diversity", "다양한 인재의 활약", "서

11 위의 기사.

로 다른 국적이나 문화적 배경을 가진 인재가 협동하면서…"라는 문구가 확인될 뿐이다.[12] 오늘날 일본에서 자꾸 진행되는 언어 '세탁'의 부작용 그대로 문제의 본질이 은폐되는 구도를 여기서도 확인할 수 있다. 시장의 다각화나 일본 내 외국인 인구의 다국적화 등을 이유로 들 수 있겠지만 기업이 재일코리안 차별문제를 전면에 내거는 일에 대해 폭력이 수반될지도 모른다는 부담감이 작용하는 측면 또한 있었을 것으로 보인다.

3. 이름イルム 재판 _ 본명을 쓸 권리를 촉구한 김임만

2009년 3월 재일코리안 2세 영화감독 김임만金稔万은 오사카 우메다의 한 빌딩 재건축 공사에 본명 '金稔滿'으로 일용직으로 취업했다. 원청업체인 오바야시구미大林組 현장사무장은 일반 외국인에게 요구되는 법무성 입국관리국(당시)에의 취업상황 신고 의무가 특별영주자격 소지자인 김임만에게도 있는 것으로 잘못 알고 그에 대한 신고 절차를 하청업체에 요구한 것이 문제의 발단이 되었다. 1차 하청업체 및 2차 하청업체는 이 같은 오바야시구미 측 업무처리 방식을 잘못된 것으로 알고는 있었지만, 원청업체의 눈치를 보느라 김임만에게 이 절차를 밟을 것을 요구했다. 그 결과 하청업체는 김임만에게 통명通名, 일본식 이름의 위명인 '金海稔万가네우미 도시카쓰'를 사용할 것을 강요했다. 김임만은 이에 불복하여 2010

12 積水ハウスHP, https://www.sekisuihouse.co.jp/diversity_inclusion/diversity/(2021.12.20 검색)

년 5월 오사카지법에 손해배상청구소송을 제기했다. 자신의 민족정체성을 침해당하고 정신적 고통을 받았다며 자신을 직접 고용한 2차 하청업체를 상대로 불법행위와 사용자책임을, 원청 및 1차 하청업체에게는 사용자책임을 그리고 국가에게는 국가배상법에 따른 손해배상을 각각 촉구했다.[13] 소송을 제기했을 당시 김임만은 호소문에 다음과 같이 그의 심정을 상세히 밝혔다.

> 제가 일용직으로 일했던 오사카 우메다의 A백화점 해체 현장에서 일어난 일입니다. 그곳에서는 필리핀에서 온 많은 '연수생' 이주노동자들이 최저임금의 3분의 1 이하인 월 6~8만 엔의 '수당'을 받고 있었습니다. 저는 특별영주권을 가진 일본에서 태어난 재일조선인 2세이며 본명으로 일하고 있었습니다. 그런데 고용주가 작업헬멧 전면에 붙은 [본명] 스티커를 떼어내고 뒤쪽에 붙여진 [본명] 스티커 위에 [통명] 스티커를 붙였습니다. '본명'을 그대로 두면 '불법취업' 방지를 위한 '외국인취업신고서'를 제출해야 한다고 고용주가 생각했던 것이 그 이유인 것 같습니다.
>
> 그러나 재일조선인의 경우, 본명을 쓰든 통명을 쓰든 법적으로 '외국인취업신고서'를 제출할 의무 따위는 없고 불법취업이라는 것 자체가 있을 수 없습니다. 다른 현장에서는 '본명'으로 일하는데도 아무 말도 없고 문제도 없었는데, 왜 갑자기 저 현장에서만 이런 말을 들어야 했었는지 전혀 알 수 없습니다(더욱이 그곳 현장에서는 출입 시 모두에게 지문날인을 의무화하는 일도

13 柳赫秀, 「「静岡本名裁判」と在日韓国朝鮮人社会」, 『横浜法学』 第24巻 第2 · 3号, 2016.3, p.8.

있었습니다. 왜 이런 일이 필요할까요?) 많은 재일조선인에게 이 같은 일은 일상적으로 겪는 부조리 중 하나입니다. 저는 계속되는 '창씨개명'을 묻는 재판을 제기했습니다. 2010년 5월 24일 저는 일본정부와 오바야시구미, 그리고 하청업체 등 3자를 제소했습니다.[14]

여기서 김인만이 말하는 '외국인 취업신고서'란 2007년부터 일본 후생노동성이 도입하기 시작한 제도로 외국인을 공용할 때 사업체가 의무적으로 제출을 요구받는 서식이다. 그런데 여기에는 재일코리안이 대다수를 차지하는 특별영주자격 소지자는 예외라는 단서가 있다. 이 조항을 무시한 채 사용자 측이 김임만을 여타 외국인과 동일하게 취급하려 했던 것이다.

또한, 특별영주자격이란 일본정부가 구 식민지 출신자와 그 후손을 대상으로 부여하는 영주권이며, 1965년 한일협정에 따라 일본정부가 이른바 협정영주자격을 한국국적자에게 부여하기 시작했고, 1991년 이른바 재일한국인3세지위협정으로 한국국적을 선택하지 않은 조선적朝鮮籍 소지자에게도 적용 범위를 확대한 항구적 제도다. 과거사 시인에 인색한 일본정부가 구 식민지 출신자에 대한 국적선택권 부여를 회피하기 위해 생긴 우회적 제도지만 역설적으로 특별영주자격은 일본정부의 식민지배 책임이 제도화된 과거사의 징표로서 기능하는 측면이 있다.

---

14 イルムから－当たり前に本名が名乗れる社会を求めて,「이름(イルム)から－当たり前に本名が名乗れる社会を求めて」
https://irum.hatenadiary.org/entry/20101117/1289995411, 2010.11.17(2022.1.10 検索)

이처럼 '사실상의' 국적인 특별영주자격 소지자에게는 일반적인 영주권자를 포함하는 여타 외국인과 다른 처우가 규정되어 있다. 일반적인 외국인의 신분증인 재류카드 신청 또는 갱신 업무가 출입국재류관리청의 소관인 것과 달리 특별영주자격자의 증명서는 특별영주자증명서로 분류되고 주소지가 있는 시청 등에서 절차를 밟을 수 있다. 앞서 언급한 외국인고용에 관한 신고의무에서도 예외 대상이다.

그럼에도 불구하고 재일코리안 2세 김임만이 이를 요구받았다는 것은 원청업체 담당자가 특별영주제도에 대해 무지했던 것도 있지만 김임만을 고용한 하청업체가 "통명을 쓰면 당장 일할 수 있다고 회유"한 데 비롯된다. 심지어 피고 중 하청업체 업주는 재일코리안이었다.[15] 그러나 그는 재판에서는 "나도 재일한국인 2세. 본명을 생각하는 마음은 이해한다. 통명강요는 있을 수 없다"고 반론했다.[16] 여하튼 통명 사용 강요를 놓고 동포가 동포를 제소했던 것이다.

2013년 1월의 1심 판결은 김임만 측의 전면 패소였다. 통명을 사용하면 바로 당일부터 일할 수 있다고 들은 김임만 스스로가 이를 양해했다는 점을 들어 "원고가 통명 사용을 강제당한 사실을 인정할 수 없다"고 청구를 기각했다.

2심도 1심 판결을 유지했다. 2013년 11월 오사카 고등재판소는 업체들이 고용절차에 대해 오해가 있었고 불필요하게 통명을 강요했던 점이

15 李信恵, 「「イルム裁判」当たり前に本名が名乗れる社会を求めて」, 『ガジェット通信』, 2013.2.2h ttps://getnews.jp/archives/287634 (2022.1.10 検索)

16 『朝日新聞』, 2013.1.26.

나 정체성을 침해하는 결과가 초래된 점 등 원고 측 주장을 일부 인정했지만, 통명에 대해 "재일한국인에 대한 통명에 의한 호칭은 사회적으로 당해 개인을 타인으로부터 식별하고 특정하는 기능이 있으며, 우리나라일본 사회 일반의 인식으로서 시인"되어 왔으므로 통명과 관련되는 모든 행위가 당연히 불법적인 것이 아니라고 거론하면서 "재일한국인이 '본명의 정확한 호칭'을 명시적으로 촉구할 경우에 이러한 사정을 인식하면서 해의害意를 가지고 굳이 통명을 호칭하는 등 특단의 사정이 있지 않은 한" 위법성은 없다고 판단했다. 그러면서 고용절차에 대한 오해나 김임만의 헬멧에 붙어 있는 본명 스티커를 벗겨 통명 스티커를 붙인 일 등이 그의 정체성을 해치는 결과를 초래한 것은 사실이지만 이는 김임만을 신속하게 고용하고 속히 업무에 종사시키기 위한 대응이지, 위의 해의와는 무관하다고 결론내렸다.[17] 오늘날 특별영주자카드에 통명란이 사라지기는 했지만, 여전히 80%를 넘는 재일코리안이 통명을 사용하고 있는 현실을 반영한 판결이라고 할 수 있다.

김임만의 주장 역시 '이름'은 인격권이라는 것이다. 제소 시점에서 그는 "본명이 정체성을 지탱해 주고 있다. 통명을 강요받는 아픔을 알아주었으면 한다"고 밝혔다.[18] 또한, 소송이 진행되는 시기에도 "자신이 누구인가를 밝히는 일은 '인격권'이며, 자신의 본명이 무엇인가에 대해 스스로 결정할 권리"라고 하면서 "그러나 어린 재일(동포)들은 이를 깨닫지 못할만큼 주체성을 박탈당하고 있습니다"라고 주장한다. 그러면서 "우리

17 柳赫秀, ibid., pp.9~10.

18 『神戸新聞』, 2013.1.30.

가 누구인지를 알게 되는 것은 우리가 처음으로 타자를 만나는 어린 시절이다. 이 세상이 일본인 것이니 우리는 스스로를 더욱 일본인답게 닮아가도록 한다"는 이진우李珍宇[19]를 회상하는 영화감독 박수남朴壽南의 글을 인용한다.[20] 체포되었을 당시 고등학생이던 이진우는 옥중에서 박수남을 만나는 과정에서 자신의 한글이름 '이진우'를 되찾은 것으로 알려지고 있다.[21]

김임만 또한 성인이 된 후 본명을 되찾았다. "그러나 저는 반에서 '본명선언'을 할 용기도 없고 '지문날인거부'도 할 수 없었습니다. 대학에 입학 후 동포학생 동아리에서 권유받아 겨우 '본명'을 쓰기 시작했습니다"라고 본명을 쓰기까지의 과정이 결코 쉽지 않았음을 밝히고 있다.[22] 이

---

19 이진우는 1940년 일본 도쿄에서 태어난 조선인 2세로 아버지는 날품팔이 노동자, 어머니는 청각·언어 장애가 있어 빈곤한 집안에서 자랐다. 중학교까지 우수한 성적으로 졸업하였지만 상급학교에 진학하지 못하고, 취업을 택할 수밖에 없었다. 취업 활동을 하던 과정에서 히타치제작소 등에서 국적을 이유로 취업을 거부당했다. 18세 때 고마쓰가와고등학교[小松川高等學校] 야간부에 입학했다. 일본 사회 내 민족차별을 체험하고 실존적 고민에 빠져 있던 이진우는 재학 중 식당종업원 사건, 고마쓰가와 사건 등의 살인 사건을 저질렀고, 직접 언론에 자신의 범행을 알리고 체포되어 모든 용의를 인정하였다. 당시 언론에서는 이진우를 냉혹하고 무자비한 조선인으로 묘사했으며, 미성년자임에도 불구하고 사형선고가 내려져 1962년 11월 22세 나이로 형이 집행되었다. 일본사회 각계의 감형(減刑) 탄원운동에도 불구하고, 이진우는 스스로 자신의 책임을 떠안는 태도로 일관하여 큰 충격을 주었다. [이진우], 세계한민족문화사전. http://www.okpedia.kr/Contents/ContentsView?localCode=jpn&contentsId=GC95200390

20 金稔万, 「イルムから–当たり前に本名が名乗れる社会を求めて」, 『Peace Media』, 2010.11.28. https://peacemedia.jp/topics/from-irum.html(2022.1.10 検索)

21 조은애, 「찢어진 이름–'김희로 사건'을 둘러싼 명명의 정치와 '65년 체제'에서의 재일조선인」, 『사이間SAI』 제30호, 2021, 131~174쪽.

22 金稔万, 앞의 사이트.

소송이 가슴을 아프게 하는 또 다른 이유는 소송을 놓고 김임만이 아버지와 다툼이 일어난 것과 더불어 통명 사용을 고수해 온 아버지가 죽은 후 묘비에 본명을 새겨서야 겨우 이름을 되찾았다는 사실이다. 필자는 이 일화를 접하고 2015년에 리메이크된 흑인 노예를 다룬 드라마 〈뿌리 Roots : The Saga of an American Family〉에 등장한 주인공 쿤타 킨테가 죽은 후 나무 판때기 묘비에 새겨진 노예 이름 '토비'를 그의 딸이 지우고 본명 쿤타 킨테를 돌로 새기는 장면을 떠올렸다. 이와 유사한 일이 2010년대에 일어난 것이다.

4. '이름'이 야기한 재일코리안 민족교육의 위기

재일코리안사회는 도쿄를 중심으로 하는 관동지역과 오사카를 중심으로 하는 관서지역에서 전혀 다른 양상을 보이고 있다. 일제강점으로 이주한 이른바 올드커머 인구는 관동지역보다 관서지역이 약 두 배 정도를 차지하고 있으며, 신정주자 이른바 뉴커머는 관동지역에 몰려 있다.

앞서 서문평의 사례를 논의하는 과정에서 언급된 관서지역 특유의 재일코리안 정체성교육의 거점으로 민족학급이라는 것이 있다. 재일코리안 민족교육사를 거슬러 올라가 보면 과거에는 관동지역에도 공립학교인 조선인학교나 공립학교 안에 민족학급이 있었던 사례도 있었지만, 모두 사라지고 말았다. 한편, 오늘날 오사카에서는 약 190개 학급이 존재한다. 이는 역설적으로, 대다수 재일코리안 학생들이 오사카에서조차 민족학급을 다니지 못하는 현실을 시사하고 있다. 그래도 여름방학을 이용한 하기학교 등에서는 민족학급이 없는 학교를 다니는 학생들도 함께 참여하고 있다.

민족학급의 탄생은 1948년 한신교육투쟁의 결과다. 해방 직후부터 600개 이상 생긴 자생적 조선인학교를 오늘날 오사카의 한국계 민족학교인 건국학교를 제외하고 모조리 폐쇄해버린 일본 교육당국이 이에 거세게 반대한 조선인을 못이겨 타협조치로 개설했던 것이 민족학급이다. 오사카의 민족학급은 방과후수업 형태로 주 1시간 개설되는 것이 고작이라 일본으로 파견된 교육 공무원들은 한국말도 제대로 못 가르쳐 형편없다며 그 가치를 치부해왔다. 현장을 담당하는 민족강사 중에 조선학교 출신자가 많았기 때문에 이념적으로 접근해온 탓도 크다.

민족학급은 오늘날에 이르기까지 1948년에 교환된 각서 한 장에 의할 정도로 설치 근거가 취약하다. 그래도 지난 70년 동안 재일코리안 당사자들의 지역운동과 일본인 교사들도 합세한 교육운동이라는 측면이 결합하여 꾸준히 학급 수를 늘려왔다. 한국정부가 민족학급을 지원하기 시작한 것은 이제 겨우 10년이다.

이 같은 역사를 가진 민족학급이 오늘날 위기를 맞이하고 있다. '이름'이 도화선이 되었다. 오사카부 한 지자체에 위치하는 소학교에 설치된 민족학급 학생에 대해 민족강사가 '이름'을 가르친 것이 화근이 된 것이다.

이 학교 민족학급에는 약 70명의 재일코리안 학생들이 다니고 있다. 주 1회 진행되는 수업에서 민족강사는 한민족의 말이나 문화, 역사 그리고 재일코리안의 역사를 가르친다. 자신이 누구인가를 배우는 기회를 방과후수업 형태로나마 공교육에서 추진되고 있는 것은 그야말로 재일코리안이 치열하게 민족교육의 중요성을 인식하고 싸워온 성과다. 그러나 필자가 파악하는 한으로 오늘날 약 2/3의 재일코리안 학생들의 국적은 일본이다. 이제 재일코리안의 혼인 중 90%가 일본인 사이에서 이루어지고 있고 자녀들은 본명으로 일본 이름을 갖는 것이 일반적이다. 서문평, 김임만의 시절의 전제와 확연히 달라진 것이다.

문제의 발단은 이 학교 민족강사가 학생들의 이름을 우리말로 어떻게 발음한다는 것을 가르치는 과정에서 민족학급 밖에서도 우리말 발음의 이름으로 교사가 부르는 등의 일이었다. 민족학급 활동에 참여하는 학생은 본인의 국적과 무관하게 부모 중 한 사람이 한반도에 뿌리가 있으면 대상이 된다. 다만 차별문제와 직결될 수 있어 민족학급에 참여하는 데는 부모의 허락이 필수다. 따라서 부모가 사업상의 이유나 단순히 차별을 두려워한다 등 다양한 이유로 정체성을 숨기기를 원할 경우, 민족학급 참여를 강제할 수 없도록 되어 있다. 그러나 민족학급 운동이 정체성을 긍정하고 본명을 쓰는 것을 목표로 해왔기 때문에 지속적으로 민족학급 참여를 독려하는 일이 학생과 부모 양측을 대상으로 벌어지는 것도 특징이다.

이 학교에서 일본국적 재일코리안 학생이 자신의 의사와 다르게 민족강사로부터 '민족명'을 강요당한 사건이라고 보는 것이 이 학생의 부모와 민원을 접수한 오사카유신당大阪維新の會의 주장이다. 재일코리안인 어머니가 자녀의 '(일본 이름을 우리말식으로 읽는) 민족명'을 민족강사가 '끈

질기게' 부르는 것과 더불어 또래 친구들도 민족명을 부르는 데 대해 충격을 받아 오사카에서 압도적 지지기반을 자랑하는 유신당 소속 부의원에게 민원을 넣은 것이 발단이 되었다. 하시모토橋下徹 전 대표가 시장, 부지사로 재임했을 당시부터 신자유주의적 정책으로 '약자 때리기'라는 비판이 제기되고 있는 유신당은 재일코리안 민족교육에 대해 적대적 태도를 취해 왔으며, 이 사건은 공격재료를 제공한 셈이다. 민족학급에 제공되는 예산과 공간 등을 다른 외국인과 일본인 학생들에게도 제공하여 다문화교실을 만들겠다는 미명아래 민족학급을 없애려고 하는 움직임을 보이고 있는 것이다.

유신당의 압력으로 이미 2018년부터 오사카 교육위원회는 공식명칭에 '민족학급'을 사용할 것을 금지하기 시작한 상태이며, 상근직 민족강사 고용주체도 변경되어 통제 강화와 처우 절하가 예견되고 있다. 이 사건으로 인해 온라인공간에서도 매번 그렇듯이 재일코리안 폄하가 일어나고 있으며, 유신당에 대한 오사카 유권자의 압도적 지지를 등에 업어 거세게 압력을 가하고 있다. 이로 인해 민족학급 제도 개편을 회피하기가 어려운 상황에 이르고 있다. 아직 결론이 난 것은 아니지만, 여하튼 일본 공립학교 안에서 유일하게 이루어지고 있는 민족교육 형태인 민족학급이 70년 만에 존폐 위기를 맞이하고 있는 것만큼은 틀림없는 사실이다.

5. 맺으며 __ 위기를 기회로 삼을 수 있을까?

서문평과 김임만이 '이름'을 회복할 수 있었던 공통적인 요인은 실체적인 동포 공동체와의 교류가 있었기 때문이다. 초·중학교와 대학이라는 차이는 있지만, 이들은 동포 공동체 안에서 민족교육을 받을 기회를 얻어 정체성에 대해 각성을 했다는 점에서 공통적이다.

재일코리안이 일본 주류사회 안에서 그나마 가장 많은 수를 가지고 있는 동포 공동체가 민족학급이다. 민족학급이 존재한다는 이유만으로 학교 전체가 차별을 용납하지 않은 구조가 조성된다는 것은 도쿄 등 여타 지역에서는 상상도 할 수 없는 일이다. 민족학급 안에서 추진되는 교육 내용이 아무리 낙후되고 시대에 뒤떨어진 것이라 해도 학교를 중심으로 지역사회에까지 영향을 미칠 수 있는 민족학급이라는 제도적 장치의 역할은 지대하다.

일본 문부과학성은 2019년부터 갈수록 다국적화하고 인구도 증가하는 외국인의 교육에 최초로 개입할 것을 청명했다. 이에 따라 예산과 심의를 위한 위원회 등이 설치되고 논의가 본격화했다. 오사카시 교육위원회는 일본어 및 계승어 지도를 하는 현장 교사 외에 위원회 내에 이들을 통솔하는 코디네이터 제도를 2020년부터 운영하기 시작했다. 민족강사도 적어도 형식상으로는 코디네이터의 감독을 받게 되는 입장이 된 것이다.

그동안 각서 한 장에 의지해온 민족학급이 비록 다문화학급이라는 형태로 바뀌어 재일코리안만의 공간이 사라질 수 있는 상황이지만, 현실적으로 여타 국적 외국인 학생에 대한 교육을 포함하여 현장의 교사 인력은 재일코리안 민족강사가 담당하고 있다. 도쿄 중심의 일본 다문화교육 논의에서 민족학급을 이해하는 전문가가 전무나 다름없는 상황은 심각한 문제지만 아직 오사카에서는 코디네이터 중에 민족강사 출신자가 포함된 점 등 그동안의 경험을 가벼이 여길 수는 없다. 그동안 민족학급이 쌓아 올린 재일코리안 민족교육의 유산을 이제 들어서게 될 일본 다문화교육에서 영향력을 행사할 수 있는 여지는 충분히 남아 있다. 그러나 민족강사 측이 1970년대 그대로의 낡은 논리에 갇혀 스스로 바꿀 노력을 하지 않은 한, 이 같은 희망적 관측은 물거품 되고 말 것이다.

이하, 본고의 결론을 세 가지로 나누어 논의하고자 한다. 첫째, 민족학급을 둘러싼 범 재일코리안 운동체인 민족협民族教育促進協議會이 2003년에 해산한 이후, 민족강사들은 계파별로 분열된 상태가 지속되고 있어 민족교육운동의 구심력을 잃은 지가 오래다. 또한, 일부 시민운동가에 운동적 측면을 의지하는 나머지 사회적 문제의식을 가진 민족강사가 대폭 줄어든 것도 심각한 문제다. 이들 문제는 4장에서 거론한 '이름'을 둘러싼 민족학급 제도의 존폐가 걸린 문제를 앞에 두고서도 민족강사들이 결집할 수 없고 주체적으로 맞설 수 없게 하는 제약요인으로 작용하고 있다.

둘째, 민족교육의 내역에 관한 것이다. '이름'을 둘러싼 문제는 1970년대 이래 지속되어 온 '본명을 쓰고 부르는 운동'의 연장선상에 있는 것은 충분히 이해할 수 있다. 그러나 이제 다수의 재일코리안 학생에게는 일본 이름이 '본명'이고 우리말 발음에 의한 호칭은 '민족명'이다. '본명' 즉 '민족명'이라는 등식이 성립되지 않은 학생들에 대한 호칭 문제에 어떻게 대응해야 할지, 민족학급뿐만 아니라 학교 그리고 지역사회 차원에서 어떠한 대응이 필요한지에 대한 새로운 논의와 문제의식이 필요할 것이다.

셋째, 일본 중앙정부 차원에서 정립 과정에 있는 다문화교육에 어떻게 적응하고 민족교육적 요소를 반영시킬 것인지에 대한 고민과 실천이 필요할 것이다. 민족교육 소멸 위기는 역으로 생각해 보면 다른 나라에 뿌리를 가진 외국인의 교육을 오랜 경험을 축적해 온 재일코리안이 담당할 기회이기도 하고 이들에게도 그 경험을 전해 줄 기회이기도 하다. 그리고 무엇보다도 그동안 오사카를 중심으로 관서지역에서 편중되어 추진되어 온 재일코리안 정체성교육을 일본 각지에서 확대 추진할 기회가 될 수도 있을 것이다. 이를 위해서는 전문성을 가진 대안 제시를 위한 연구활동 등을 적극적으로 펼칠 뿐만 아니라 다문화교육 정책 담당자와의 소통에도 구체적 대안을 가지고 임해야 할 것이다. '최초의 외국인'인 재일코리안의 경험을 이제 살릴 때가 온 것이다.

이렇게 논하는 것은 오늘날 여타 외국인 자녀들 또한 재일코리안이 겪어온 전초를 그대로 밟고 있기 때문이다. 자신의 부모를 수치스럽게 생각하고 '통명'을 쓰는 현상이 다른 나라에 뿌리가 있는 아이들 사이에서도 일어나고 있으며 이는 한국인 뉴커머도 예외가 아니다. 관동지역의 한국인 뉴커머, 특히 소위 엘리트층 일부에 올드커머가 통명을 쓰는 현상을 비아냥거리거나 한심스럽게 바라보는 시선이 있는 것이 사실이다. 그러나 이들이 어떻게 차별을 딛고 '본명' 내지 '민족명'을 쓰도록 대안을 제시했다는 사실을 접해본 적은 없다. 관서지역의 민족교육이 이 같은 문제에 대한 대안이라는 점에서 여전히 유효하다. 다만 시대에 걸맞은

변혁이 필요하다는 것이다.

민족학급의 행방이 어떻게 되든지 간에 일본 다문화교육은 전국규모로 추진되는 것만큼은 확실하다. 거듭 강조하지만 이제 이 상황에 발맞추어 재일코리안 측이 적극적 발신을 해야 한다. 이렇게 강조하는 또 다른 이유는 과거사를 둘러싼 문제 때문이다. 재일코리안의 역사와 경험이 배제된 다문화교육이 추진될 경우, 대다수를 아시아인이 차지하는 외국에 뿌리를 가진 자녀들에 대한 교육은 일본의 과거사가 삭제되어 '표백된' 교육이 될 것이 자명하기 때문이다.

참고문헌

조은애, 「찢어진 이름-'김희로 사건'을 둘러싼 명명의 정치와 '65년 체제'에서의 재일조선인」, 『사이間SAI』 제30호, 2021.
『朝日新聞』
『神戸新聞』
『民団新聞』
神奈川県教育委員会, 『人権学習ワークシート集VII-人権教育実践事例・指導の手引き(高校編 第16集)』, 2019.2.
柳赫秀, 「「静岡本名裁判」と在日韓国朝鮮人社会」, 『横浜法学』 第24巻 第2・3号, 2016.3.
イルムから-当たり前に本名が名乗れる社会を求めて, 「이름(イルム)から-当たり前に本名が名乗れる社会を求めて」, 2010年11月17日. https://irum.hatenadiary.org/entry/20101117/1289995411(2022.1.10 検索)
金稔万, 「イルムから-当たり前に本名が名乗れる社会を求めて」, 『Peace Media』, 2010.11.28. https://peacemedia.jp/topics/from-irum.html(2022.1.10 検索)
積水ハウスHP, https://www.sekisuihouse.co.jp/diversity_inclusion/diversity(2022.1.10 検索)
李信恵, 「「イルム裁判」当たり前に本名が名乗れる社会を求めて」, 『ガジェット通信』, 2013.2.2. https://getnews.jp/archives/287634(2022.1.10 検索)

찾아보기

사카이 나오키 酒井直樹, Sakai Naoki
코넬대학 아시아학과와 비교문학과 교수이자 명예교수. 사상사, 국민주의, 인종주의, 번역 등을 연구하고 있다. 주요 저서로는 *The End of Pax Americana : the Loss of Empire and Hikikomori Nationalism*(2022, Duke University Press), 『希望と憲法』(2008, 以文社), *Translation and Subjectivity*(1998, University of Minnesota Press), *Voices of the Past : the Status of Language in Eighteenth-Century Japanese Discourse*(1991, Cornell University Press) 등이 있으며 그 외 다수 논문이 있다.

우쓰미 아이코 内海愛子, Utsumi Aiko
케이센여학원대학 명예교수, 와세다대학 평화학연구소 초빙교수, 역사사회학 전공, 주요 저서로는 『朝鮮人BC級戦犯の記録』(1982, 勁草書房/2015, 岩波現代文庫), 『戦後補償から考える日本とアジア』(2002, 山川出版社), 『日本軍の捕虜政策』(2005, 青木書店), 해설 및 편저로 『村井宇野子の朝鮮·清国紀行-日露戦争後の東アジアを行く』(2021, 梨の木舎)가 있다.

마크 윈체스터 マーク·ウィンチェスター, Mark Winchester
일본 국립 아이누민족박물관 연구원. 아이누 근현대 사상사. 역서에 『アイヌ通史』(リチャード·シドル, 2021, 岩波書店)가 있으며, 편저로 『アイヌ民族否定論に抗する』(2015, 河出書房新社), 공저로는 *Cultural and Social Division in Contemporary Japan*(2020, Routledge), 『移動という経験-日本における「移民」研究の課題』(2013, 有信堂) 등이 있다.

무라카미 요코 村上陽子, Murakami Yoko
오키나와 국제대학 종합문화학부 준교수. 오키나와·일본근현대문학 전공. 전후 오키나와문학 및 원폭문학을 연구하고 있다. 주요 저서로는 『出来事の残響-原爆文学と沖縄文学』(2015, インパクト出版会).

김웅기 金雄基, Kim Woong-Ki
한림대학교 일본학연구소 HK교수, 대한민국의 정책대상으로서의 재일코리안을 연구하고 있다. 주요 논문으로는 「『계간 삼천리』에 나타난 재일코리안 교육에 대한 일본인 교사의 인식과 실천」(2021), 「재일코리안에 대한 한국 법제도 상의 배제 문제 그 특수성 간과 문제를 중심으로」(2021), 공저로 『朝鮮籍とは何かートランスナショナルの視点から』(2021), 『재일한인의 인류학』(2021) 등이 있다.

김경옥 金慶玉, Kim Kyoung-Ok
한림대학교 일본학연구소 HK연구교수. 연구 분야는 일본근현대사, 일본여성사, 여성노동과 젠더이다. 주요 논문으로 「근대일본의 노동자와 농민의 공동재산으로서의 무산자탁아소」(2021), "Factory labor and childcare in wartime Japan"(2020), 「일본의 여성노동자의 동원과 보호에 관한 연구」(2019), 주요 저서로 『알면 다르게 보이는 일본문화』(2021, 공저), 『제국과 포스트제국을 넘어서』(2020, 공저), 『한일 화해를 위해 애쓴 일본인들』(2020, 공저) 등이 있다.

김현아 金炫我, Kim Hyun-Ah
한림대학교 일본학연구소 HK연구교수. 주요 논저로는 「전시기 경성호국신사의 건립과 전몰자 위령 · 현창」(2018), 「전시체제기 식민지조선의 군사원호와 전몰자유가족」(2020), 「패전 후 전쟁미망인의 실상과 유족운동 그리고 국가」(2020), 『제국과 포스트제국을 넘어서』(2020년, 공저), 『제국과 국민국가』(2021년, 공저) 등이 있다.

권연이 權姸李, Kwon Yeoni
한림대학교 일본학연구소 HK연구교수. 서울시립대 국제관계학과 강사, 국제일본연구 전공. 일본정치, 시민사회, 한일관계, 동아시아협력을 연구하고 있다. 주요 연구로는 「제2기 아베 정권의 장기 집권 요인」(2021), 「일본의 NPO세제우대제도의 제정 · 개정 과정」(2021), 「市民社会ガバナンスに関する市民意識の日韓比較」(2020) 등이 있다.